商业银行综合业务仿真实验教材

米运生 彭东慧 傅 波 等编著

中国财经出版传媒集团
经济科学出版社
Economic Science Press

图书在版编目（CIP）数据

商业银行综合业务仿真实验教材/米运生等编著.—北京：
经济科学出版社，2016.9
ISBN 978-7-5141-7258-4

Ⅰ.①商… Ⅱ.①米… Ⅲ.①商业银知-银行业务-
中国-高等学校-教材 Ⅳ.①F832.33

中国版本图书馆 CIP 数据核字（2016）第 217359 号

责任编辑：王柳松
责任校对：王肖楠
版式设计：齐 杰
责任印制：邱 天

商业银行综合业务仿真实验教材
米运生 彭东慧 傅 波 等编著
经济科学出版社出版、发行 新华书店经销
社址：北京市海淀区阜成路甲 28 号 邮编：100142
总编部电话：010-88191217 发行部电话：010-88191522
网址：www.esp.com.cn
电子邮件：esp@esp.com.cn
天猫网店：经济科学出版社旗舰店
网址：http://jjkxcbs.tmall.com
北京万友印刷有限公司印装
787×1092 16 开 13.25 印张 320000 字
2016 年 9 月第 1 版 2016 年 9 月第 1 次印刷
ISBN 978-7-5141-7258-4 定价：32.00 元
（图书出现印装问题，本社负责调换。电话：010-88191510）
（版权所有 侵权必究 举报电话：010-88191586
电子邮箱：dbts@esp.com.cn）

序　言

　　提高创新、创业能力，是培养高素质大学生的重要途径。提高学生的实操素质、强化学生的实践技能，对于提高大学生就业能力有重要的意义。金融学专业的基本特征之一，便是理论与实践的紧密结合。对金融学专业的学生来说，提高动手和实操能力是一项基本训练。在金融学专业的课程体系中，商业银行学具有极其重要的作用，这一点是显而易见的。因为，商业银行体系在世界各国金融体系中居于主导性地位，金融学专业的毕业生也主要供职于银行系统。

　　近年来，商业银行实训课程，也得到了许多高校的重视。以商业银行模拟经营决策沙盘软件和商业银行仿真实训平台等为主的实验课程，也在许多高校开设。华南农业大学经济管理学院也非常重视实验课程的建设，并于2016年购买了深圳智盛信息技术股份有限公司自主开发的《商业银行综合业务仿真实训平台系统》和《商业银行信贷业务与风险管理仿真实训平台系统》两套软件。这两套系统涵盖了商业银行的主要业务，并且深圳智盛信息技术股份有限公司也配备了专门的实验操作指南。

　　在教学过程中，我们逐渐发现了这套软件的优越性，同时也注意到一些需要完善的地方。比如，一些操作流程，需要更详细的说明；一些说明性内容，有重复之处。更重要的是，由于一个学年只开设一次课程，因而在操作流程方面难免有记忆不准确或疏漏之处。尽管深圳智盛信息技术股份有限公司有着非常好的售后服务，但考虑到及时反馈的不便，也为了减少重复性咨询给对方带来的麻烦，我们觉得有必要在实验操作指南的基础上，编写完整的实验教材。我们将此想法与深圳智盛信息技术股份有限公司沟通之后，它们积极响应和热烈支持。经过深圳智盛信息技术股份有限公司的授权，我们依托《操作指南》的大致框架，依据实操过程中的一些新体会和经验，分别编写两本实验教材。在此，我们对深圳智盛信息技术股份有限公司表示由衷的谢意！

　　本教材基于《智盛商业银行综合业务仿真实训平台》的操作指南，同时结合我们在教学过程中的一些经验总结而编写的。本教材的编写，得到了华南农业大学经济管理学院的大力支持，学院从实验室建设专项资金拨出款项，支持本教材的出版、发行。经济管理学院金融系彭东慧老师以及研究生高亚佳等，承担了大量工作。具体来说，本书各部分的作者分别是：

第一篇　系统概述与教学管理，米运生、彭东慧、高亚佳；
第二编　商业银行储蓄业务综合概述，彭东慧、高亚佳；
第三编　储蓄业务对公业务操作，彭东慧、傅波；
第四编　储蓄业务操作，彭东慧、傅波。

　　本教材是基于深圳智盛信息技术股份有限公司的软件系统和教学组的实操经验而编写的。因此，已经或拟购买深圳智盛信息技术股份有限公司仿真实训软件的普通高等学校和职业院校等，可以将本教材作为参考教材。那些已经购买其他商业银行综合业务模拟决策软件但并未有配套教材的普通高等学校和职业院校等，也可以将本教材做参考之用。

　　由于时间紧张、水平有限，加之我们对软件的了解欠全面和欠深入，以及考虑到篇幅而做出的精简等因素，教材可能存在一些疏漏、缺陷甚至是错误。对此，请读者在使用过程中，提出宝贵意见。

　　本书的顺利出版，与深圳智盛信息技术股份有限公司的授权是分不开的。在此表示感谢。深圳智盛信息技术股份有限公司的连俊琴女士，为本教材提出了大量宝贵建议。华南农业大学经济管理学院彭东慧老师、傅波老师和硕士研究生高亚佳，不但承担了部分编写工作，而且也结合软件操作经验，提出了许多建设性建议。在此，一并感谢！

米运生
2016 年 6 月

目 录

第一篇 系统介绍与系统管理

1 系统介绍 ······ 3
1.1 系统概述 ······ 3
1.2 产品特点 ······ 3
1.3 系统功能模块及其示意图 ······ 4
1.4 系统功能 ······ 6
1.5 功能描述 ······ 8
1.6 系统界面 ······ 9

2 操作流程与系统管理 ······ 13
2.1 专业术语说明 ······ 13
2.2 操作总流程 ······ 21
2.3 实验操作培训 ······ 23
2.4 系统管理 ······ 26

第二篇 商业银行综合业务概述

3 商业银行综合业务概述 ······ 43
3.1 个人储蓄业务概述 ······ 44
3.2 对公会计业务概述 ······ 51

第三篇 对公会计业务操作

4 通用模块操作1（对公初始操作） ······ 63
4.1 系统登录 ······ 63
4.2 操作员管理操作 ······ 64
4.3 凭证管理操作 ······ 66
4.4 钱箱管理操作 ······ 70

5 对公存贷操作 …… 71

- 5.1 新开户业务操作 …… 71
- 5.2 支票管理操作 …… 74
- 5.3 一般活期及临时存款操作 …… 75
- 5.4 定期存款账户操作 …… 80
- 5.5 贷款管理操作 …… 86
- 5.6 贷款业务操作 …… 87
- 5.7 汇票兑付 …… 91

6 个人贷款操作（个人贷款业务） …… 94

- 6.1 消费贷款管理操作 …… 94
- 6.2 个人消费贷款发放 …… 98
- 6.3 个人消费贷款调息 …… 99
- 6.4 提前部分还贷 …… 101
- 6.5 提前全部还贷 …… 101

7 结算业务操作 …… 107

- 7.1 辖内通存业务 …… 107
- 7.2 辖内通兑业务 …… 110
- 7.3 同城提出票据 …… 113
- 7.4 同城提入票据 …… 117
- 7.5 特约汇款业务操作 …… 118

8 通用模块操作2 …… 123

- 8.1 通用记账操作 …… 123
- 8.2 信息维护操作 …… 125
- 8.3 内部账户维护 …… 126
- 8.4 账户维护操作 …… 128
- 8.5 交易维护操作 …… 131
- 8.6 凭证挂失操作 …… 132
- 8.7 支票管理操作 …… 134

第四篇 个人储蓄业务

9 通用模块操作（储蓄初始操作） …… 139

- 9.1 系统登录 …… 139
- 9.2 操作员管理 …… 140

9.3 凭证管理操作 …………………………………………………………… 143
9.4 钱箱管理操作 …………………………………………………………… 144

10 个人储蓄操作（储蓄日常业务） …………………………………………… 147

10.1 客户管理操作 …………………………………………………………… 147
10.2 活期储蓄操作 …………………………………………………………… 149
10.3 整存整取操作 …………………………………………………………… 154
10.4 定活两便操作 …………………………………………………………… 157
10.5 零存整取操作 …………………………………………………………… 160
10.6 存本取息操作 …………………………………………………………… 164
10.7 通知存款操作 …………………………………………………………… 165
10.8 普通支票操作 …………………………………………………………… 169
10.9 普通教育储蓄操作 ……………………………………………………… 171
10.10 一卡通操作 …………………………………………………………… 175
10.11 凭证业务操作 ………………………………………………………… 179

11 一般查询（储蓄特殊业务） ………………………………………………… 183

11.1 通用记账 ………………………………………………………………… 183
11.2 信息维护 ………………………………………………………………… 185
11.3 账户维护 ………………………………………………………………… 186
11.4 交易维护 ………………………………………………………………… 188

12 代理业务操作（储蓄代理业务） …………………………………………… 189

12.1 代理业务管理 …………………………………………………………… 189
12.2 代理批量管理 …………………………………………………………… 190
12.3 代理明细管理 …………………………………………………………… 190
12.4 逐笔代收（有代理清单） ……………………………………………… 191
12.5 批量代收（代扣） ……………………………………………………… 192

13 代理业务操作 …………………………………………………………………… 196

13.1 信用卡开户 ……………………………………………………………… 196
13.2 信用卡存现 ……………………………………………………………… 197
13.3 信用卡取现 ……………………………………………………………… 198
13.4 信用卡明细查询 ………………………………………………………… 198
13.5 信用卡交易查询 ………………………………………………………… 199

附：深圳智盛信息技术股份有限公司简介 ……………………………………… 202

第一篇
系统介绍与系统管理

1 系统介绍

1.1 系统概述

本教材介绍深圳智盛信息技术股份有限公司新一代商业银行信贷管理模拟系统在高校金融实验室的应用。本系统是在认真分析当前国内外商业银行信贷业务需求的基础上，结合现行的《中华人民共和国商业银行法》《信贷通则》和《中华人民共和国担保法》等法律条文，融合多年行业软件开发经验，运用先进的工作流和影像处理技术，采用业界流行的 B/S 多层结构，以全新的设计理念开发成功的"以客户为中心、以优质客户发现为前提、以市场和行业为导向、以风险控制为核心、以量化分析为主"的新一代商业银行信贷管理信息系统。

目前，中国商业银行的利润 70% 左右来自信贷业务，所以信贷管理系统是商业银行非常重要的业务系统之一，金融类及相关专业的学生，毕业后有相当一部分进入商业银行从事信贷管理工作，但目前由于银行业的特殊性、保密性、安全性的特点，学生进入银行内部实习的机会越来越少。在这种形势下，越来越多的高校认识到，建设一套完整的、可以模拟商业银行信贷管理的实际运行环境的金融实验系统的重要性和迫切性。本系统正是基于这种市场需求而推出的。

1.2 产品特点

1. 业务覆盖面

基本业务功能涵盖了客户信息管理、信贷业务管理、信贷风险管理、信贷资产管理等方方面面，在此基础上，由于采用了先进的设计理念，在需求变更时，本产品可以由用户驱动来为自己定制信贷管理信息系统。

2. 技术领先度

采用了先进的设计模式和开发模式，在产品研发的各个环节保证了其技术领先性。另外，根据信贷业务流程性的特征，我们还引入先进的工作流引擎技术，使本产品可以轻松从容地应对信贷业务的需求变更。

3. 设计合理化

本产品采用了先进的设计模式，充分利用面向对象的分析和设计（Object – Oriented Analysis and Design，OOAD）思想、统一建模语言（Unified Moedling Language，UML）和 ROSE 建模工具等技术，对其进行了精心设计。使其在紧贴现有需求的基础上，又前瞻性地超越了需求，可以有效地保护客户的投资。

4. 界面友好性

本产品使用大家熟悉的 Web 界面，操作简单灵活、界面美观大方。

5. 安全保密性

系统设计了严谨的分级权限管理模式，严格控制系统各部门、各类角色操作员的权限，并对其操作记录日志。可以有效地保证数据的安全，并在出现问题时可快速准确地回溯到问题的根源。

通过实训任务来考查学生对信贷业务工作岗位、业务流程及操作规范的掌握程度，系统自动完成测评，统计实训成绩，并生成实训报告。

1.3 系统功能模块及其示意图

1.3.1 本系统主要包含以下功能模块

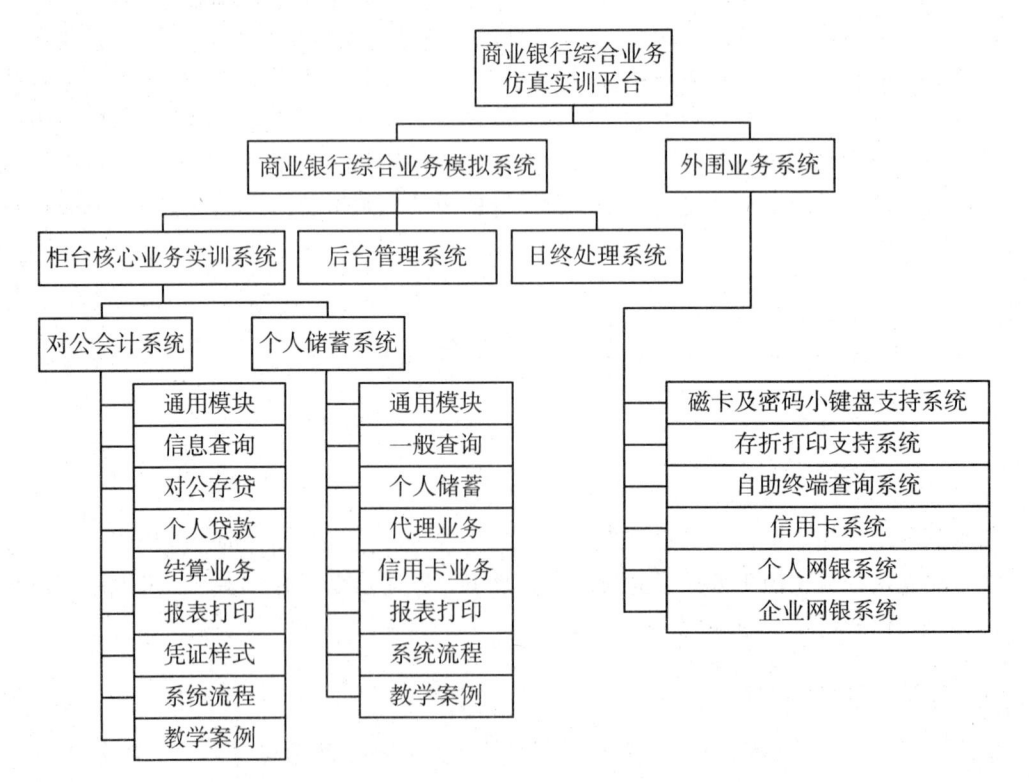

```
                    商业银行综合业务
                    仿真实训平台
                    /            \
        商业银行综合业务模拟系统      外围业务系统
        /      |        \
   柜台核心业务实训系统  后台管理系统  日终处理系统
    /          \
对公会计系统   个人储蓄系统

对公会计系统:          个人储蓄系统:         外围业务系统:
  通用模块              通用模块             磁卡及密码小键盘支持系统
  信息查询              一般查询             存折打印支持系统
  对公存贷              个人储蓄             自助终端查询系统
  个人贷款              代理业务             信用卡系统
  结算业务              信用卡业务           个人网银系统
  报表打印              报表打印             企业网银系统
  凭证样式              系统流程
  系统流程              教学案例
  教学案例
```

本系统业务管理模式：商业银行业务管理模式一般采用三级管理方式，即总行—分行—支行模式，这种模式是目前国内所有商业银行通行的业务模式。本实训平台同样采用这种业务模式，教师可以将每个班级设置为一个支行，学生担任这个支行的柜员角色，如下图所示：

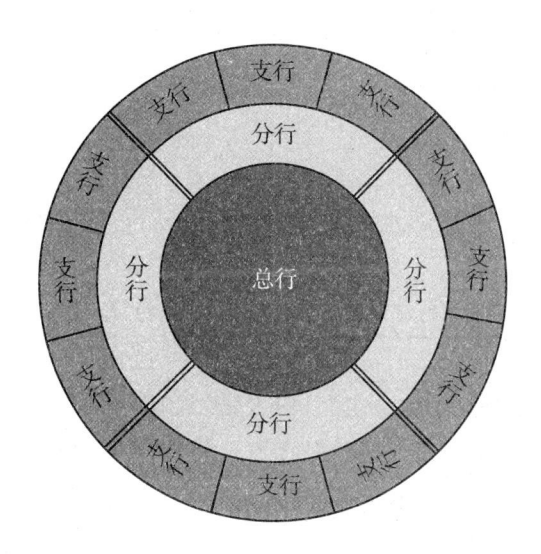

1.3.2 功能模块示意图

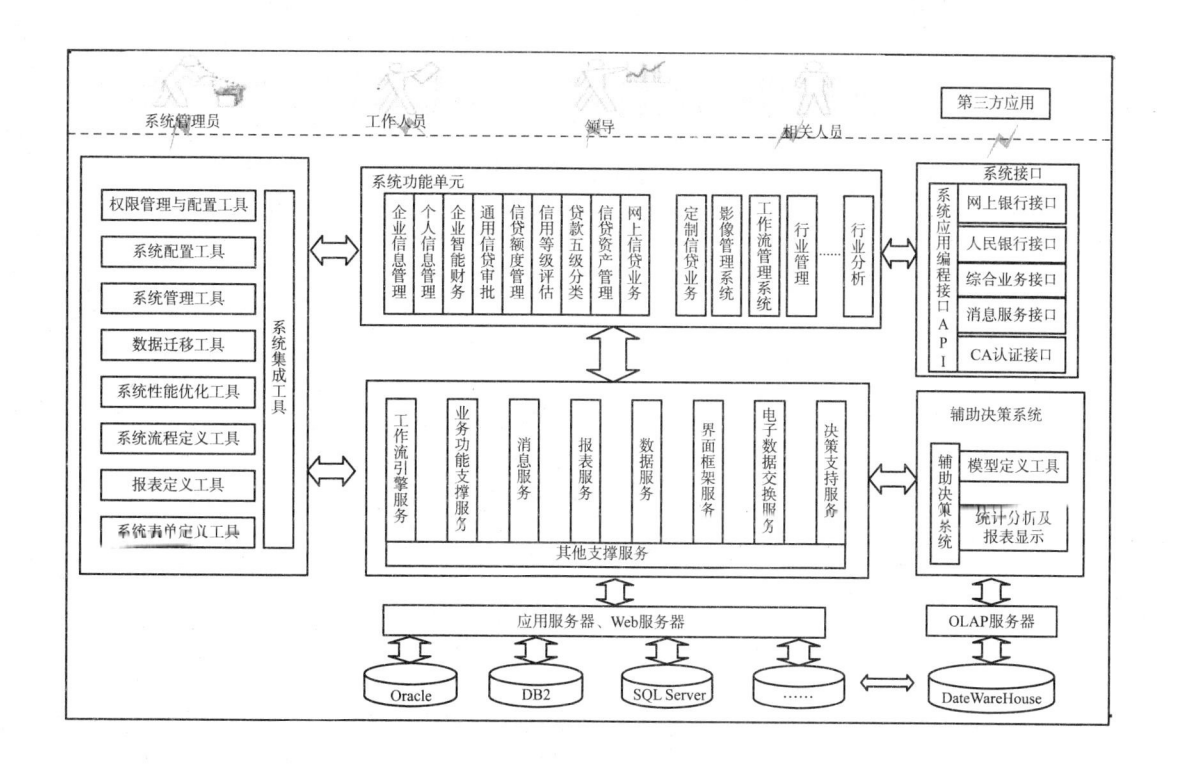

1.4 系统功能

1.4.1 后台管理系统

后台管理系统包含了两类用户：一是管理员用户，主要用于系统管理及教师管理。二是教师用户，主要用于学生管理及实训管理、课件管理、客户信息管理等，见表1.1。

表1.1　　　　　　　　商业银行综合业务仿真实验平台后台管理系统

用户	功能操作	说明
管理员	教师管理	管理教师用户，包括创建及删除教师用户等
	课件管理	对信贷业务实训课件进行管理，可以新增、修改、删除课件
	客户管理	对信贷业务系统的客户信息进行管理，包含个人客户和企业客户。系统包含了10个企业客户及个人客户的资料信息。通过客户信息管理系统，可以查看客户详细信息并根据班级完成客户信息导入操作
教师	系统管理	系统管理包含班级管理、学生管理、公告管理、IP限制等
	考勤管理	对学生实训课进行考勤管理，并可以打印考勤表，统计出勤率
	任务管理	任务管理主要是设置系统实训任务，完成对实训任务的描述及修改。通过设置任务，学生可以根据任务要求完成实训，并得到测评成绩。任务管理包含了实训计划、实训任务、实训安排等。系统总共有37个实训任务，涵盖了信贷业务、授信、信贷风险管理、信贷资产管理等
	成绩查询	实训结束后，测评学生实训成绩，并可导出实训报告及实时查看实训成绩等

1.4.2 前台用户系统

学生登录前台系统，完成信贷业务及信贷风险实训任务操作。前台系统，见表1.2。

表1.2　　　　　　　　商业银行综合业务仿真实验平台前台管理系统

功能模块	功能操作	说明
角色扮演	学生登录系统后，首先要选择角色	包括支行信贷员、支行信贷科长、支行分管行长、支行行长、信贷部初审员、信贷部副经理、总行行长等角色
客户信息管理	登记查询	完成客户登记查询、锁定客户、前台客户号、综合查询、导入客户信息等
	公司信息	设置公司基本信息、部门信息、主要负责人、董事会成员、关联企业、基本证件、许可证件、资质证书、项目信息、资本结构、对外投资及联营、股本信息、证券信息、对外担保情况、重大事件、违规记录、固定资产登记、应收账款等

续表

功能模块	功能操作	说明
客户信息管理	个人信息	完成个人客户详细信息、个人收入信息、房产信息、其他财务信息、保险情况、对外担保情况、重大事件、违规记录、个人征信等资料录入
	银行业务	查询企业客户的银行信用等级信息
	财务信息	设置客户财务信息资料，包括资产负债表、损益表、现金流量表、报表结构分析、指标趋势分析、指标比例分析、现金流量推测等
信贷业务管理	授信业务	包括业务启动、当前授信业务、授信业务状态查看、客户授信查询等
	企业贷款	包括业务启动、当前信贷业务、信贷业务状态查看、修改错误贷款投向等
	个人贷款	包括业务启动、当前个人业务、个人业务状态查看等
	票据业务	包括业务启动、当前票据业务、票据业务状态查看、票据补录业务状态查看、票据录入检查、承兑票号修改、前台票据兑付收回检查、代开核销通知书等
	担保业务	包括担保业务启动、当前担保业务、担保业务状态查看等
	贷款业务查询	包括登记担保信息、已放旧贷款、贷款业务、承兑业务、业务发生查询、贷款担保查询、本日贷款录入查询、客户业务查询等
	票据管理	包括总行票据贴现业务、支行贴现票据转出、承兑汇票退票、贴现汇票托收、兑付查询、退票查询、托收查询等
信贷风险管理	信用评估	包括业务启动、评估业务、已完成工作、客评通知书等
	五级分类	包括自动批量分类、个人贷款手工分类、企业贷款手工分类、敞口承兑手工分类、他行汇票贴现手工分类等
	呆账认定	包括认定业务启动、当前认定业务、已完成认定工作、呆账通知书打印等
	贷后调查	包括业务启动、贷后调查业务、已完成工作等
	不良贷款催收	包括催收认定业务、催收回执管理等
信贷资产管理	呆账核销	包括核销业务启动、当前核销业务、已完成核销工作、核销通知书打印等
	资产处置	包括资产处置情况、贷款清收情况等
	贷款诉讼	包括诉讼业务启动、诉讼业务处理、诉讼业务状态、撤销贷款诉讼等
其他	贷款种类	企业贷款包括企业按揭贷款、企业仓单质押贷款、企业贷款展期、企业定期存单质押贷款、企业房地产贷款、企业固定资产贷款、企业临时贷款、企业流动资金贷款、中小企业专项信用贷款、委托贷款、打包贷款等。个人贷款包括个人大额经营性贷款、个人贷款展期、个人房屋装修贷款、个人汽车消费贷款、个人商业用房贷款、个人失业小额担保贷款、个人小额存单质押贷款、个人行内职工消费贷款、个人住房公积金贷款、个人住房贷款、个人助学贷款等
辅助功能		学生查询实训情况、输出实训报告、查看系统日志等

1.5 功能描述

1. 客户信息管理

"以客户为中心、以优质客户发现为前提"是本产品的特色之一，客户信息管理模块用来管理信贷客户的相关信息，这些信息和信贷业务是休戚相关的，将作为日后信贷业务开展、贷后管理、信贷员绩效考核等工作的凭证和依据。本模块包含如下功能集，客户基本信息管理、客户业务活动信息管理、客户交易信息管理、客户财务信息管理、个人客户信息管理等。

2. 信贷业务管理

信贷业务管理，主要管理企业流动资金、技改、基建，个人住房、汽车消费等贷款种类的申请审批，以及企业授信、贷款展期、信用等级评估等其他信贷业务的处理。信贷业务管理，是完全由工作流引擎来驱动的，客户方可以根据其业务特点给自己量身定做各种信贷业务管理流程，信贷业务管理模块提供如下功能集，贷款申请基本资料、其他业务申请资料、逐级审批、各项财务指标测算、各种合同签订和借据生成等。

3. 信贷风险管理

提供完善可靠的风险管理机制，对风险的跟踪管理贯穿于信贷业务开展的各个环节。与"信贷业务管理"模块相同，信贷风险管理模块也是基于工作流引擎的，用户可以基于如下功能集来自定义信贷风险管理流程，贷款五级分类、客户风险监控预警、信贷风险监控预警、黑名单管理、贷款执行情况评价等。

4. 信贷资产管理

信贷资产管理，主要是对客户的不良资产进行登记及建立相关账务，主要包括债权管理、股权管理和抵债物管理。本系统的信贷资产管理模块提供如下功能集，不良贷款台账、协议收购管理、贷款诉讼管理、贷款核销、资产处理等。

5. 实训任务

本系统共设计了37个实训任务，涵盖了信贷业务、信贷风险、信贷资产三大业务种类，学生实训操作时扮演不同的信贷岗位角色，完成实训任务，系统自动进行测评，并生成实训报告。[①]

[①] 本教材主要介绍商业银行储蓄业务的实训操作。

1.6 系统界面

1. 前台登录界面

2. 系统主界面（图略）

3. 企业流动资金贷款业务流程图

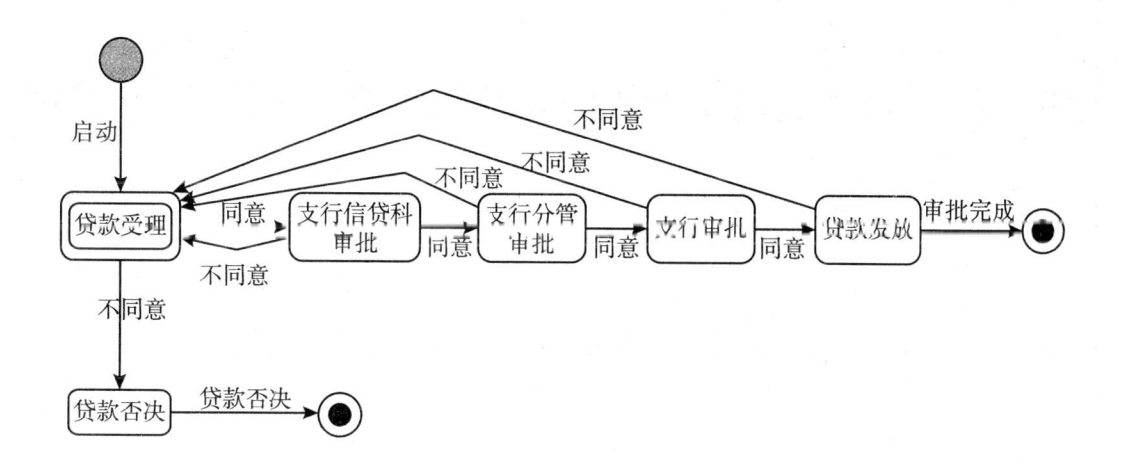

4. 企业贷款业务列表

当前工作业务处理列表

客户编号：3306000000282622 客户名称：A服饰有限公司

序号	工作名称	信息描述	业务状态
1	贷款申请	贷款申请	未填写
2	业务担保信息	业务担保信息	未填写
3	贷款合同	贷款合同	未填写
4	放款通知书	放款通知书	未填写
5	贷前客户调查	贷前客户调查	未填写
6	客户资料查看	客户资料查看	查看
7	放款通知书打印	放款通知书打印	查看

批注：

[同意] [提交] [返回] [查看审批记录]

5. 查看审批记录界面

工作详细信息

客户名称：	A服饰有限公司	申请类型：	企业流动资金贷款
主客户经理：	witsoft	申请时间：	2012-03-15
完成时间：			

序号	工作名称	信息描述	信息类型
1	贷款申请	贷款申请	贷款申请
2	业务担保信息	业务担保信息	业务担保信息
3	贷款合同	贷款合同	贷款合同
4	放款通知书	放款通知书	放款通知书
5	贷前客户调查	贷前客户调查	贷前客户调查
6	客户资料查看	客户资料查看	客户资料查看
7	放款通知书打印	放款通知书打印	放款通知书打印

下一个任务名称：贷款受理   下一个任务处理人：支行信贷员

6. 实训报告

信用评估业务界面

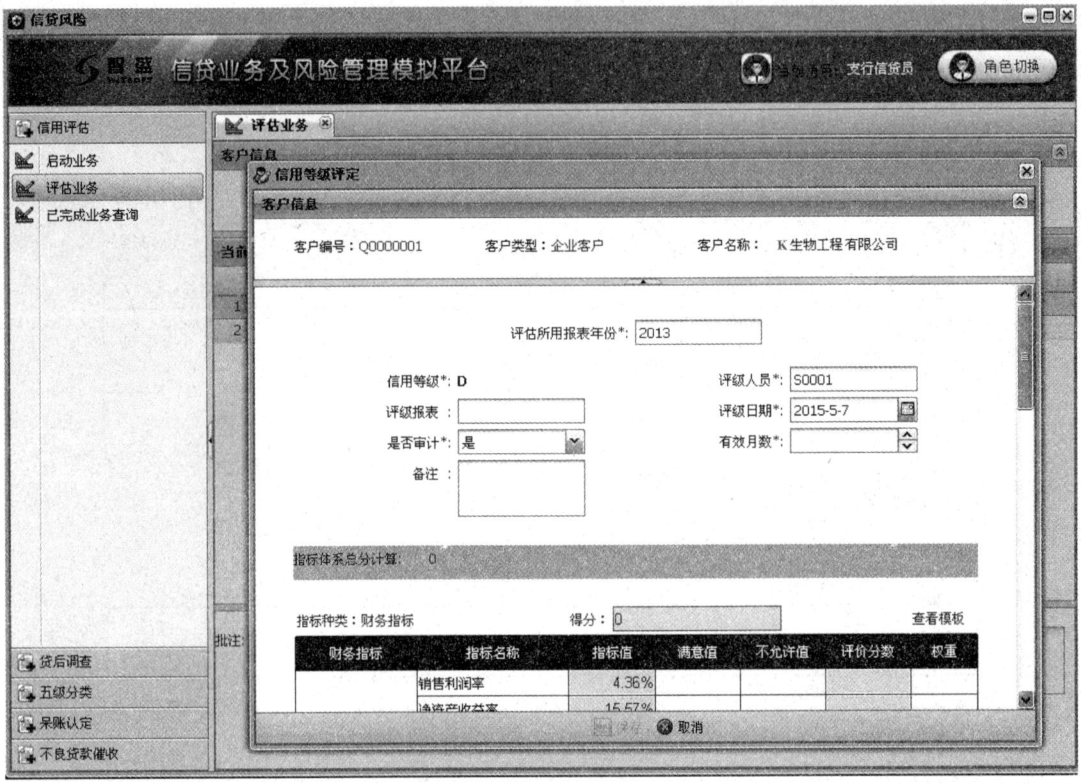
信贷风险
信贷业务及风险管理模拟平台
支行信贷员
角色切换
信用评估
启动业务
评估业务
已完成业务查询
贷后调查
五级分类
呆账认定
不良贷款催收
评估业务
信用等级评定
客户信息
客户编号：Q0000001
客户类型：企业客户
客户名称：K生物工程有限公司
评估所用报表年份*: 2013
信用等级*: D
评级人员*: S0001
评级报表 :
评级日期*: 2015-5-7
是否审计*: 是
有效月数*:
备注 :
指标体系总分计算: 0
指标种类：财务指标
得分：0
查看模板
财务指标
指标名称
指标值
满意值
不允许值
评价分数
权重
销售利润率
4.36%
取消

2 操作流程与系统管理

2.1 专业术语说明

1. 凭证

凭证种类包括支票、汇票、本票、储蓄存折、储蓄存单、一本通存折、一卡通等。存折、存单由市行分配，一卡通由卡部分配。

可以用储蓄存折的储种包括：活期、零整、通知存款、教育储蓄和存本取息。

整存整取和定活两便都使用储蓄存单。

一本通和一卡通各储种都可使用。

2. 凭证领用

系统的凭证领用，采取从市行到支行、从支行到网点的二级分配体系。支行到市行领用凭证后，市行管理部门必须将凭证的起始号码位输入中心机房的管理机内，并进行分配操作，将凭证分配到各支行管理机内。同样，支行凭证管理员也要将凭证的起始号码有计划地分配到各网点的库钱箱中，网点凭证负责人在前台机器交易界面选择库钱箱凭证领用交易领入凭证到库钱箱，柜员用凭证出库交易领入凭证。

3. 具体流程

市行库—支行库—网点库钱箱—柜员钱箱。一卡通的分配和普通凭证分配一样，只是一卡通的分配是从卡部开始，而不是市行库。

在本系统中，对公业务凭证的领用必须先由总行会计部柜员将凭证领用，再下发给各营业网点，由营业部柜员再领用并出库后才能使用。

4. 钱箱号

系统对网点设立库钱箱和柜员钱箱。库钱箱由中心机房建立，柜员钱箱在柜员第一次登录系统注册时柜员钱箱号不输入（此时，此柜员钱箱不存在），要柜员注册系统做增加柜员钱箱后柜员才生成钱箱号。在柜员钱箱生成后不能办理现金业务，需退出系统重新注册系统（此时，要输入柜员钱箱号）后才能办理现金业务。本所库钱箱本网点所有柜员都可使用，柜员钱箱只允许本柜员使用，如果一个柜员不注册钱箱，则只能做转账业务而不能做现金业务。

5. 柜员号

柜员由总行统一管理。柜员号5位，网点柜员形式为：S##**，其中，S表示该柜员是操作员（如果是A则表示该柜员是ATM），##（01~29）为支行号，**为支行下柜员统一编号（00~99）。例如，S0215表示02支行的第15位柜员。K表示该柜员为对公业务柜员，K0001为总行会计部柜员代码，具有下发凭证的权限。

6. 存期代码

定期储蓄业务中，要求输入存期代码。存期代码共3位：第1位为数字"1"时，表示以天为单位输入存期，为"2"时，表示以月为单位输入存期，为"3"时，表示以年为单位输入存期；后面两位表示相应的存期。本系统中的定期储蓄业务存期代码共有以下几种：1天期通知存款的存期代码为"101"；7天期通知存款的存期代码为"107"；3月期定期存款的存期代码为"203"；6月期定期存款的存期代码为"206"；1年期定期存款的存期代码为"301"；2年期定期存款的存期代码为"302"；3年期定期存款的存期代码为"303"；5年期定期存款的存期代码为"305"；8年期定期存款的存期代码为"308"。①

7. 分析码

分析码为银行系统内部校检码，为任意3位阿拉伯数字，无任何业务含义。

8. 客户号

客户号由10位数码组成。第1位用数字"0"~"3"表示储蓄账号，"4"~"8"表示对公账号，"9"表示内部账号。第2~9位为顺序号。第10位为校验位。

例如，0000003488中，第1位"0"表示该客户号是储蓄账号，2~9位的00000348是顺序号，表示该客户号是银行开立的第348位客户，最后一位的8表示校验位。因为储蓄账号是"0"~"3"，所以加上顺序号后，全行可以有4亿个储蓄客户。

9. 账号

对公账号及储蓄账号共15位，由前10位的客户号和后5位的账号后缀共同组成。其中，账号后缀前4位为顺序号，第5位为校验位。

例如，000000348800010表示，客户号为0000003488的客户开立的0001第一个子户。（顺序号第5位为校验位）每个客户号下可以有1万个分户。

---

① 注意：对公账户开户时无须存入现金，系统自动默认为预开户状态，开户时存期代码输入"000"，当发生第一笔存款业务后该账户自动转为正式账户。

10. 表内业务

商业银行资产负债表中所涉及科目的业务为表内业务，表内业务的记账统称为表内记账，如储蓄及对公业务的存取款、转账、结算业务、贷款业务等。表内记账应借贷平衡，其每一笔记账均会影响资产负债表的总额。

11. 表外记账

商业银行表外业务是指，商业银行所从事的不列入资产负债表且不影响资产负债总额的经营活动。表外业务对应的记账，称为表外记账，如商业银行代理业务、中间业务、保证业务、内部往来业务等均为表外业务。

12. 冲账

发生设备/通信故障、操作员操作错误以及客户不予确认的存、取业务导致的错账，应按照权限管理规定办理冲账，在电脑产生的冲账凭证上注明冲账原因，经网点业务主管确认签字。这一操作过程称为冲账。

13. 活期储蓄

"活期储蓄"是指，无固定存期、可随时存取、存取金额不限的一种比较灵活的储蓄方式。其特点如下：

适用于所有客户；

随时存取，办理手续简便；

资金运用灵活性较高；

人民币一元起存。

14. 整存整取

由客户选择存款期限、整笔存入、到期提取本息的一种定期储蓄。

特点：

（1）较高的稳定收入：利率较高，利率大小与期限长短成正比。

（2）省心方便：具备整存整取、存款到期后自动转存功能，可通过银行提供的多种转账渠道，对一卡通中的存款进行活期转定期或到期定期转活期的操作，还可通过约定转存功能，灵活地管理您的整存整取存款的本息、存期、存款形式等。

（3）资金灵活：在需要资金周转而在银行的整存整取存款未到期时，可以通过自助贷款将账上的整存整取存款作质押、获得个人贷款融资；可部分提前支取一次，但提前支取部分将按支取当日挂牌活期存款利率计息。

（4）起存金额低：各币种起存金额如下：人民币50元。

（5）存期选择多：人民币存期选择：3个月、6个月、1年、2年、3年和5年。

15. 定活两便

如果有较大额度的结余，但在不久的将来须随时全额支取使用时，可以选择"定活两便"方式作为您的储蓄存款形式。定活两便是一种事先不约定存期、一次性存入、一次性支取的储蓄存款。

特点：

（1）既有活期之便，又有定期之利，利息按实际存期长短计算，存期越长利率越高。

（2）起存金额低，人民币50元即可起存。

（3）支取简单，一次存入，一次支取。

（4）计息规定，存期超过整存整取最低档次且在一年以内的，分别按同档次整存整取利率打六折计息；存期超过一年（含一年）的，一律按一年期整存整取利率打六折计息；存期低于整存整取最低档次的，按活期利率计息。

16. 零存整取

如需逐步积累每月结余，可以选择"零存整取"的存款方式。零存整取，是一种事先约定金额，逐月按约定金额存入，到期支取本息的定期储蓄。

特点：

（1）适应面较广，手续简便。

（2）积零成整，收益较高。

（3）起存金额低：人民币5元即可起存。

（4）存期选择多：包括1年、3年、5年。

（5）每月需以固定金额存入：若中途漏存，应在次月补齐。未补齐视同违约，违约后将不再接受客户续存及补存。

17. 存本取息

如果有款项在一定时期内不需动用，只需定期支取利息以作生活零用，可选择"存本取息"方式作为定期储蓄存款形式。"存本取息"业务是一种一次存入本金，分次支取利息，到期支取本金的定期储蓄。

特点：

（1）起存金额较高，存款余额稳定。起存金额为人民币5000元。

（2）存期选择多：1年、3年、5年。

（3）分期付息：不得提前支取利息，如到取息日而未取息，以后可随时取息，但不计算复息。

18. 个人通知存款

可选择"个人通知存款"的方式，作为大额存款的储蓄形式。个人通知存款是一种不约定存期，支取时需提前通知银行，约定支取日期和金额方能支取的存款。个人通知存款无论实际存期多长，按存款人提前通知的期限长短划分为一天通知存款和七天通知存款两个品种。一天通知存款必须提前一天通知约定支取存款，七天通知存款则必须提前七天通知约定支取存款。通知存款的币种为人民币。

特点：

（1）资金灵活：适用于拥有大额款项，在短期内需支取该款项的客户或需分期多次支取的客户或短期内不确定取款日期的客户。

（2）利率高：通知存款利率收益较活期存款高。

（3）智能理财，省心高效：通知到期日，系统自动将您的一卡通中已办理取款通知的通知存款转入活期主账户，节省时间和提高资金利用率。

（4）大额资金管理的好方式：开户及取款起点较高。开户起存金额 5 万元；最低支取金额为 5 万元。

19．教育储蓄

如果有子女正在接受义务教育（小学四年级或以上），而您需要为其未来的出国留学、本科或研究生学习及其他非义务教育积蓄资金，又或者如果本人正在校学习（小学四年级或以上），而需要为自己未来的出国留学或接受本科、研究生学习及其他非义务教育积蓄资金，都可以选择"教育储蓄"方式作为您的储蓄存款形式。

教育储蓄是一种城乡居民为其本人或其子女接受非义务教育（指九年义务教育之外的全日制高中、大中专、大学本科、硕士和博士研究生）积蓄资金的一种储蓄存款。

特点：

（1）明确的户名：户名为在校小学四年级（含四年级）以上学生。

（2）免收利息税。

（3）优惠的利率：能提供接受非义务教育的证明，即可支取并享受优惠利率（按同档次整存整取利率）。

（4）存期灵活、轻松积累：零存整取方式逐月存入。

（5）起存金额低：每月约定最低起存金额为人民币 50 元；本金合计最高限额为人民币 2 万元。

（6）存期选择多：您可选择 1 年、3 年、6 年。

20．个人支票

"个人支票"是个人签发的，委托办理支票存款业务的银行，在见票时无条件支付确定的金额给收款人或者持票人的票据。

特点：

（1）个人支票即签即付，不受商户硬件条件限制，也无须找赎。

（2）个人信用的体现，提高自身信用价值。

（3）支票户销户前，必须先执行结清操作。

21．单位通知存款

（1）在存款时不约定存期，并与银行约定存款支取时提前通知期限的一种存款品种。其利率高于活期存款，本金一次存入，多存不限，可一次或多次支取。

（2）目前，人民币单位通知存款有一天通知存款和七天通知存款两种，最低起存金额为人民币 50 万元，最低支取金额为 10 万元。

22．人民币单位协定存款

若因公司业务特点，在银行账户上经常留有大额资金，则可采用银行设计的此种存款种类。它通过设定存款基数，实行超额分户计息的办法，既保证了资金随时调度的要求，又可取得高于活期存款利息的收益。办理协议存款，开户单位要与银行签订《协议存款合同》，该合同的期限最长不得超过1年（含1年），合同到期后任何一方没有提出终止或修改合同，即视为自动延期，延长期限与上一合同期限一致。协议存款账户下的资金实行分段计息：协议部分和基本额度存款部分，基本存款额度最低为50万元（含50万元），超过这一额度的为协议部分。基本额度存款按中国人民银行规定的正常利率计息，协议部分按双方协定的利率计息。

23. 单位账户种类

（1）人民币基本存款账户：本账户可办理现金收付和日常转账结算。按中国人民银行账户管理规定，一家单位只能选择一家银行申请开立一个基本存款账户。

（2）人民币一般存款账户：本账户可办理转账结算和现金缴存，不能办理现金支取和代发工资业务。单位可在已开立基本存款账户以外的银行开立此账户；或虽为非独立核算单位，因与主管单位不在同一地点，为单独办理结算业务的需要，经主管单位批准，可申请开立此账户。

（3）人民币临时存款账户：因临时性经营活动需要，可开立此账户。若申请开立临时验资户，您须提供工商行政管理局核发的《公司名称预先核准通知书》和该通知书列明的申请人身份证复印件。若您因外地汇入待结算款项，可凭个人身份证开立一"留行待取"账户。

（4）人民币专用存款账户：因特定用途需要，可开立此账户。开立专用存款账户除按开基本存款账户要求提供有关文件外，还需向银行出具下列证明文件之一：经授权部门批准立项的文件；国家有关文件、规定。

24. 支票

（1）依据《中华人民共和国票据法》和人行结算管理办法，客户可以按规定使用现金支票和转账支票。深圳地区现行使用普通支票，它可用于支取现金和转账。但在支票左上角划两条平行线的划线支票只能用于转账。单位和个人在同一票据交换区域的各种款项结算，均可使用支票。

（2）支票一律记名，可以背书转让。

（3）支票提示付款期为10天，（从签发支票的当日起，到期日遇假顺延）。

（4）支票签发的日期、大小写金额和收款人名称不得更改，其他内容有误，可以划线更正，并加盖预留银行印鉴之一证明。

（5）支票发生遗失，可以向付款银行申请挂失；挂失前已经支付，银行不予受理。

（6）出票人签发空头支票、印章与银行预留印鉴不符的支票、使用支付密码但支付密码错误的支票，银行除将支票做退票处理外，还要按票面金额处以5%但不低于1000元的罚款。

25. 银行本票

（1）是银行签发、承诺自己在见票时无条件支付确定的金额给收款人或者持票人的票据。单位和个人在同一票据交换区域需要支付各种款项，均可使用银行本票。

（2）招行签发的银行本票，可在当地各银行通存通兑。通存通兑的本票，不受理挂失。

（3）银行本票可以用于转账；注明"现金"字样的，可支取现金。

（4）银行本票的提示付款期，自出票日起最长不得超过2个月。

（5）申请人或收款人为单位的，不得申请签发现金银行本票。

（6）银行本票可以背书转让，但填明"现金"字样的银行本票不得背书转让。

26. 银行汇票

（1）是汇款人将款项交开户银行，由银行签发给汇款人持往异地办理结算或支取现金的票据。适用于单位、个人汇拨各种款项的结算。

（2）银行汇票可以用于转账；填明"现金"字样的，可支取现金。

（3）申请人或者收款人为单位的，不得申请签发现金银行汇票。

（4）银行汇票一律记名，可以背书转让。

（5）银行汇票提示付款期限，自出票日起1个月。

（6）未指定代理付款人的银行汇票丢失，银行不受理挂失止付，仅作道义上的协助防范。

（7）申请人因银行汇票超过付款提示期或其他原因，要求退款时，需持汇票和"解汇通知"到原出票行办理退汇手续。若因缺少"解讫通知联"的汇票要求退汇的，应在汇票提示付款期满1个月后（即签发月开始2个月后）到银行办理退汇。若因银行汇票丢失，要求退汇的，应在提示付款期满1个月后持人民法院出具的有效证明到银行办理退汇。

27. 商业汇票

（1）是由出票人签发，由承兑人承兑，并于到期日向收款人和持票人支付款项的票据。按承兑人的不同，可分为商业承兑汇票和银行承兑汇票。

（2）商业汇票结算方式，同城或异地均可使用。

（3）签发商业汇票，必须以真实合法的商品交易为基础。

（4）商业汇票一律记名，允许背书转让。

（5）商业汇票承兑期限，由交易双方确定，最长不超过6个月。

（6）每张银行承兑汇票的金额，最高不得超过1000万元。

（7）商业汇票到期日前，收款人和被背书人应送交开户银行办理向付款人提示付款，对逾期超过十日的商业汇票，银行不予受理。

（8）银行承兑汇票的承兑银行，按票面金额万分之五向申请人计收承兑手续费。

（9）已承兑的商业汇票丢失，可由失票人通知付款人挂失止付。

（10）对符合条件的未到期银行承兑汇票，持票人可向银行申请贴现。

28. 同城业务

（1）是指我行客户与在同城他行开户的客户进行资金存取的业务。

（2）提出代付业务：该交易用于提出代付票据录入的业务处理，即操作员收到客户存入的票据时，录入相关信息。其中，票据收款人在银行开户。包括支票、汇票等。

（3）提出代收业务：该交易用于提出代收票据录入的业务处理，即操作员收到客户存入的票据时,录入相关信息。其中,票据付款人在银行开户。

(4) 提入代付业务:该交易用于提入代付票据录入的业务处理,即操作员收到通过交换提入的银行付款票据时,录入相关信息,录入完成账务处理。其中,票据付款人在银行开户。包括支票等。

(5) 提入代收业务:该交易用于提入代收票据录入的业务处理,即对方行通过交换将票据提到银行,其中,收款人在银行开户。包括收款凭证等。

(6) 交换场次切换:该交易用于票据交换场次的切换,即将复核过的报单送给交换员参加交换前进行的操作。"交换场次"随时间不同而不同,如果是下午进行场次切换,录入的日期为下一工作日,场次为"1",即提出的是次日上午一交票据;如果是上午进行场次交换,录入日期为当日,场次为"2",即提出的是当日下午二交票据;年终决算最多可以做"4"场交换。有提入无提出的业务发生,先进行场次切换(报空盘,场次输入为负,分别是 -1、-2、-3 和 -4),再处理提入的业务。

(7) 取消场次切换:该交易用于票据交换场次切换的取消。操作完成后,场次恢复为上场。有该场次的提入票据或该场次已清差的不能进行本操作。

(8) 同城场次调整:该交易用于切换了交换场次但未到中国人民银行交换,发现提出票据有误或要追加票据时的业务处理。

(9) 清算时间:一般上午场 12:00 前,下午场 6:00 前;一次清算行每天只参加下午的清算。

(10) 非法二次查询:该交易用于查询非法二交报单的业务处理,由于边远地区银行不参加中国人民银行当日二交,因此在交换前需将这些票据的金额与笔数扣除,系统自动将扣除部分滚入下一场次。通过该交易可以查询出非法二交票据的信息。

29. 辖内业务

凡在同一分行的各个营业网点(支行)开有存款账户的企业、事业、机关、部队、社会团体和个体工商户等,都可以通过辖内通存通兑方式办理业务。

(1) 现金通存:指我行客户在其开户行以外的同城系统内他行办理现金缴存。

(2) 转账通存:指我行客户在其开户行以外的同城系统内他行办理支票转账存款。

(3) 现金通兑:是指客户签发我行现金支票,在开户行以外的我行网点(代理行)取现业务。

(4) 转账通兑:是指客户签发我行转账支票,在开户行以外的我行网点(代理行)办理转账付款业务。

30. 特约汇款业务

(1) 签发特约汇款证:该交易由会员行下属网点操作员完成;使用该交易可实现汇款证签发业务,即签发行受理汇款人递交的特约汇款证委托书,审查无误,由汇款证签发人员根据特约汇款证委托书所列要素录入。

(2) 兑付特约汇款证:该交易由会员行下属网点操作员完成。

(3) 特约汇款证转汇:该交易由会员行下属网点操作员完成,主要实现网点与市行之间清差划拨。

2.2 操作总流程

1. 个人储蓄业务操作流程

个人储蓄业务总流程图

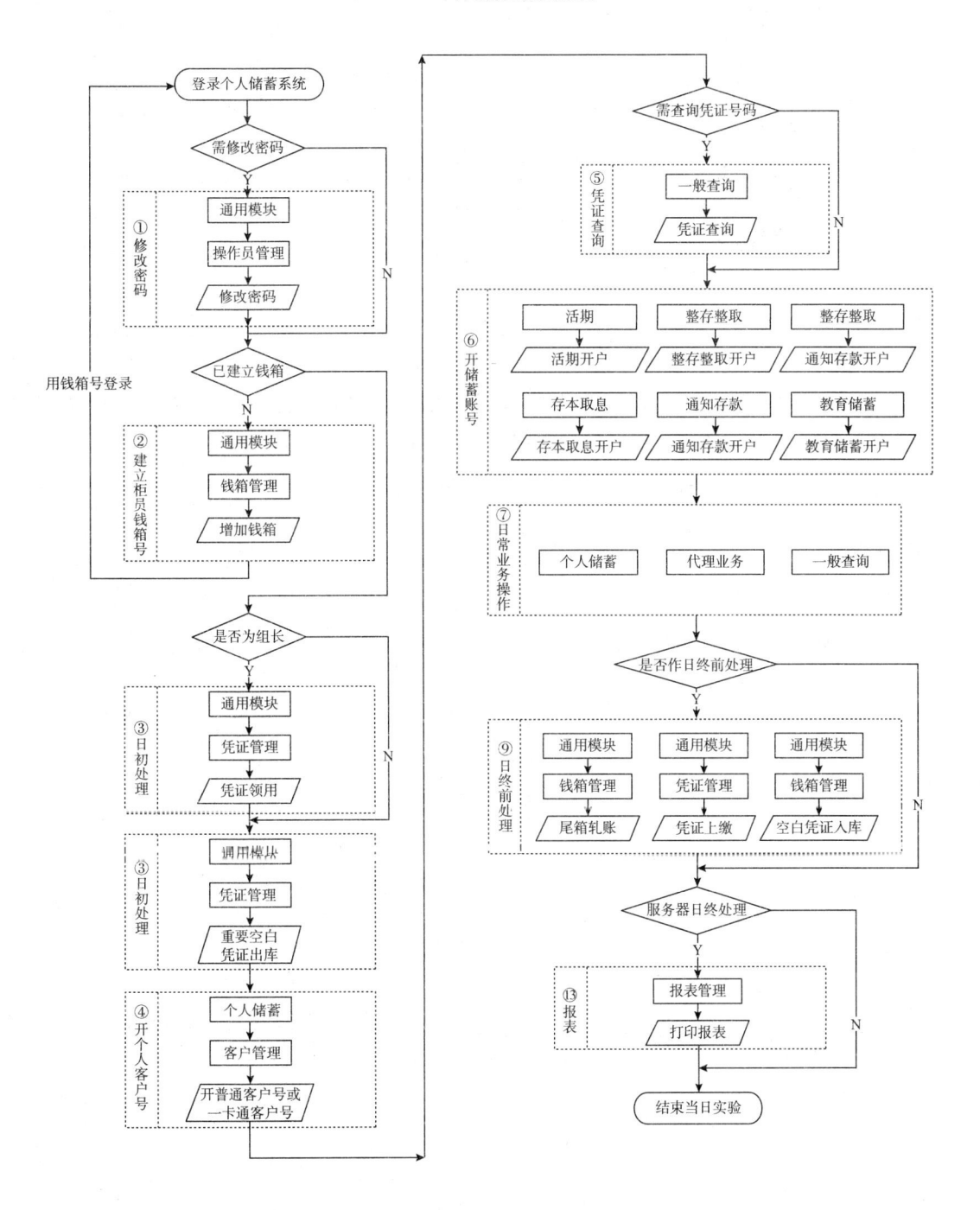

2. 对公会计业务操作总流程

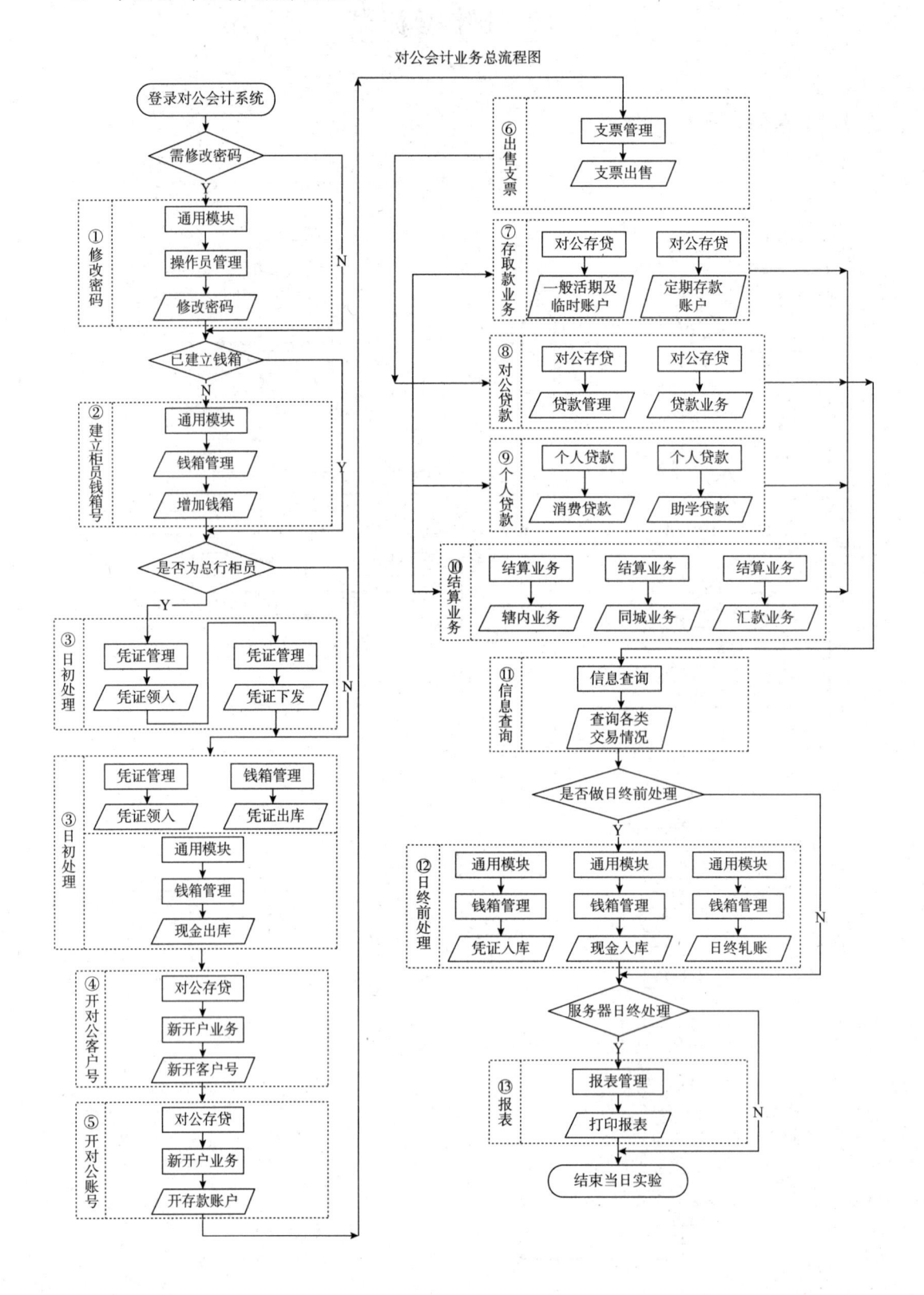

对公会计业务总流程图

① 修改密码：登录对公会计系统 → 需修改密码（Y）→ 通用模块 → 操作员管理 → 修改密码

② 建立柜员钱箱号：已建立钱箱（N）→ 通用模块 → 钱箱管理 → 增加钱箱

③ 日初处理：是否为总行柜员（Y）→ 凭证管理 → 凭证领入 ；（N）→ 凭证管理 → 凭证下发

③ 日初处理：凭证管理 → 凭证领入；钱箱管理 → 凭证出库；通用模块 → 钱箱管理 → 现金出库

④ 开对公客户号：对公存贷 → 新开户业务 → 新开客户号

⑤ 开对公账号：对公存贷 → 新开户业务 → 开存款账户

⑥ 出售支票：支票管理 → 支票出售

⑦ 存取款业务：对公存贷 → 一般活期及临时账户；对公存贷 → 定期存款账户

⑧ 对公贷款：对公存贷 → 贷款管理；对公存贷 → 贷款业务

⑨ 个人贷款：个人贷款 → 消费贷款；个人贷款 → 助学贷款

⑩ 结算业务：结算业务 → 辖内业务；结算业务 → 同城业务；结算业务 → 汇款业务

⑪ 信息查询：信息查询 → 查询各类交易情况

是否做日终前处理（Y）

⑫ 日终前处理：通用模块 → 钱箱管理 → 凭证入库；通用模块 → 钱箱管理 → 现金入库；通用模块 → 钱箱管理 → 日终轧账

服务器日终处理（Y）

⑬ 报表：报表管理 → 打印报表

结束当日实验

2.3 实验操作培训

1. 培训准备

投影仪一台；
电脑若干台（主讲人一台，参训老师每人一台）；
培训讲义每人一册。
课时安排：2个课时。
培训方法：主讲人一边讲解、一边操作，参训人员一起进行实验操作。

2. 培训内容及要求

（1）教学管理系统（见表2.1）

表2.1　　　　　　　　　　　教学管理系统

培训项目	培训内容	培训要求
建立交易部门	以教师身份登录教师管理系统，建立多个交易部门，每个交易部门就是一个银行营业网点。通过建立多个交易部门，可以进行"通存通兑"业务操作，即跨网点交易	参训人员应理解交易部门在系统中的作用，并熟悉建立交易部门
创建学生用户	为学生创建储蓄柜员号及对公柜员号，并为柜员角色授权	参训人员应了解本系统中学生所扮角色具有何种操作权限，并为其授权，达到控制角色实验操作内容的目的
查询学生实验情况	查询学生在线情况、交易记录、实验状态等	熟悉如何查询学生的实验情况

（2）个人储蓄系统（见表2.2）

表2.2　　　　　　　　　　　个人储蓄系统

培训项目	培训内容	培训要求
通用模块	1. 凭证领用及出库、凭证入库及上缴 2. 个人支票领用、出库、出售、核销、挂失及解挂等 3. 重要空白凭证出库、入库、调配、作废及查询 4. 尾箱轧账、增加尾箱 5. 操作员密码及学号修改 6. 错账冲正（冲账）操作	1. 理解凭证的作用 2. 熟悉凭证的领用、出库等操作 3. 理解尾箱的作用 4. 熟悉增加尾箱、尾箱轧账 5. 熟悉对操作员个人信息的修改

续表

培训项目	培训内容	培训要求
一般查询	1. 按客户名称或客户号进行综合查询 2. 按账号查询账户交易情况 3. 按账号或客户号、交易日期或流水号查询交易记录及账户情况 4. 按客户号或凭证号查询凭证使用情况 5. 按交易部门、支票号或账号查询个人支票使用及出售情况	1. 熟悉各种交易记录的查询 2. 熟悉凭证的使用情况查询 3. 熟悉支票号码的查询
个人储蓄	1. 开普通客户号、一卡通客户号、一本通客户号 2. 以普通客户号及一卡通（一本通）客户号开活期、整存整取、零存整取、定活两便、存本取息、通知存款、教育储蓄账号 3. 用以上账号进行存取款业务操作 4. 普通存折及一卡通或一本通销户操作 5. 一卡通换凭证、挂失及密码修改 6. 换存折、存单及挂失，账户密码修改 7. 普通支票开户、存取款、结清、销户操作	1. 熟悉各种储蓄业务的操作 2. 熟悉特殊业务的操作 3. 理解不同储蓄业务品种的行业规定及交易流程 4. 理解客户化的管理思想在实际业务中的体现 5. 理解现代商业银行的个人业务规范 6. 理解商业银行会计的核算方法
代理业务	1. 商业银行代理收付账号为内部账号，即"储蓄业务周转金"账号，账号规则为：9＋交易部门编号＋1040700001，如9060210407000 01 2. 建立代理合同 3. 代理业务批量录入 4. 代理业务批量（批量明细增加） 5. 代理业务（有代理清单逐笔代收） 6. 代理业务（无代理清单逐笔代收） 注：其中，代理类别"81（行政事业基金费用）及82（煤气费代收）"为无代理清单。其他为有代理清单	1. 熟悉代理业务的操作 2. 理解商业银行表外业务的核算方法

(3) 对公会计系统（见表2.3）

表2.3　　　　　　　　　　　对公会计系统

培训项目	培训内容	培训要求
凭证业务及钱箱操作	1. 以网点柜员登录建立钱箱和修改密码 2. 以总行会计部柜员登录作凭证领用和下发操作 3. 以网点柜员身份登录作凭证领用 4. 凭证出库 5. 现金出库	1. 熟悉以不同权限的柜员登录系统来做凭证业务 2. 熟悉柜员个人信息维护操作 3. 熟悉凭证出库及现金出库操作的目的
开客户号及账号	1. 新开一个对公客户号 2. 新开一个对公账号（存期为"000"，账号为预开户状态） 3. 现金存款，激活对公账号	1. 理解客户化的业务管理思想 2. 区分对公客户与个人客户开账号时的不同状态 3. 了解对公基本账号与其他类型账号之间的区别

续表

培训项目	培训内容	培训要求
支票业务	出售现金支票和转账支票给对应的对公账号	熟悉支票业务操作流程
存取款业务	1. 现金存款操作 2. 现金取款操作 3. 账户转账操作 4. 协议存款操作 5. 定期存取款操作	1. 熟悉对公现金及转账业务操作 2. 熟悉对公协议存款及定期存款操作及业务规范
贷款管理	1. 新建贷款业务操作 2. 贷款发放及部分还贷、全部还贷操作 3. 贷款展期及不良贷款核销操作 4. 贷款业务查询操作	1. 熟悉贷款业务操作流程 2. 熟悉贷款业务管理规范 3. 熟悉不良贷款业务处理流程
汇票业务	1. 商业汇票承兑业务操作 2. 汇票到期付款操作	熟悉汇票业务操作流程
个人贷款	1. 个人消费贷款业务合同建立、贷款发放、提前部分还贷、提前全部还贷、个贷调息及贷款业务查询操作 2. 助学贷款借据管理、单位合同录入、助学贷款贴息及提前全部还贷操作	熟悉个人贷款业务操作流程及管理规范
结算业务	1. 辖内结算业务操作 2. 同城业务操作 3. 特约汇款业务操作	1. 理解辖内及同城结算业务的区别 2. 熟悉结算业务操作流程 3. 熟练结算业务操作及交易查询
通用模块	1. 表内通用记账操作 2. 对公账户维护操作 3. 内部账户维护操作 4. 上存下拨业务操作 5. 账户冻结、解冻操作、冲销户操作 6. 冲账业务操作 7. 凭证挂失、解挂及换存单操作 8. 支票挂失、解挂及核销操作 9. 凭证入库、作废、查询及日终轧账操作	1. 熟悉账户维护、凭证业务及支票业务的操作 2. 熟悉冲账业务及上存下拨业务操作
信息查询	1. 客户查询操作 2. 账户查询操作 3. 凭证查询操作 4. 交易查询操作 5. 总账查询操作	熟悉对各种交易结果进行查询的方法

(4) 报表管理系统（见表 2.4）

表 2.4　　　　　　　　　　　报表管理系统

培训项目	培训内容	培训要求
储蓄报表	查询储蓄营业报表	掌握各种报表的查询方法及理解随着业务的变动各种报表发生相应变化
对公业务报表	查询对公业务营业报表	
会计月报	资产负债表、利润表等	
其他报表	相关业务报表查询	

2.4 系统管理

2.4.1 操作指南

1. 管理员用户操作说明

（1）修改登录密码：管理员登录：交易部门为0000，用户编号为admin，钱箱号码为空，用户密码初始为888888。为了安全起见，第一次登录系统后，务必修改登录密码，如下图所示：

（2）修改银行名称：修改银行名称后，系统打印的凭证抬头将显示修改后的银行名称。
（3）系统授权：本系统安装完成后，会根据服务器硬件信息自动生成一个序列号，管理员将此序列号报至深圳智盛信息技术有限公司，深圳智盛信息技术有限公司会将授权号返回，填写好授权号后，系统才可以正常运行。
（4）已指定安装了终端设备的客户机，还需下载安装磁条读写器和打印机驱动插件，客户机在操作储蓄业务时，系统将会提示刷卡及打印存折凭证。

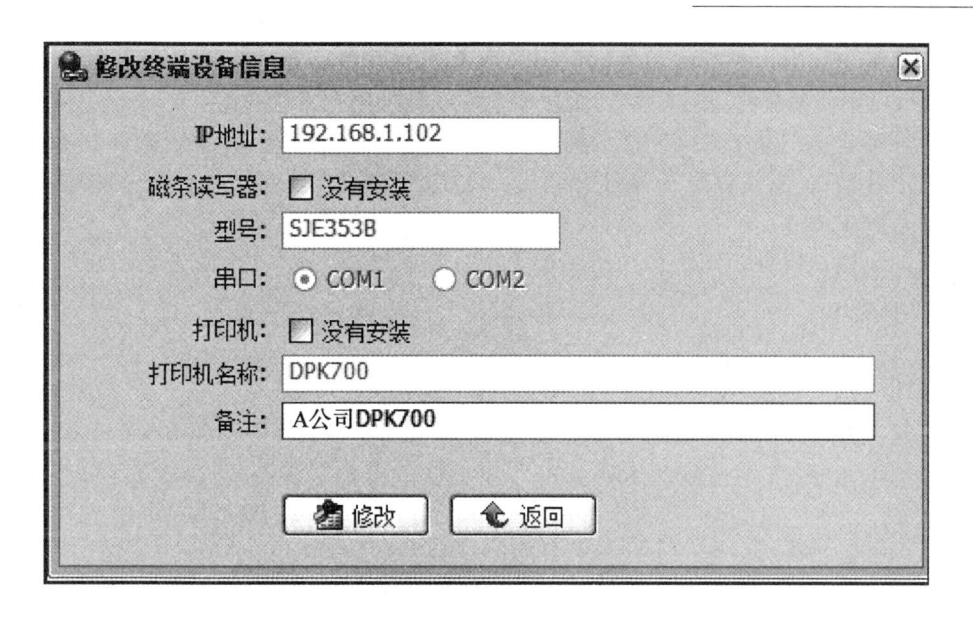

(5) 交易部门管理：本系统只有管理员才有权限创建及管理交易部门，创建"交易部门"就是创建分行或支行。请慎重使用"清除历史数据"功能，此项操作将会清除系统所有的交易数据，使系统数据恢复到初始状态。系统安装完成后已自动创建好一个分行及若干个支行，管理员只需修改分行及支行名称即可。系统默认的"0001 总行、1500 资产保全部、1501 资产保全部、9998 网银部门、9999 中心机房"严禁删除或修改。如需新创建分行和支行，按以下方法进行：首先要创建分行，创建分行时"交易部门"为 4 位数，后两位数为 00，如交易部门为"2200"，部门名称为"××分行"。部门序号为任意两位数字，上级网点号为空。创建好分行后再创建支行，因对公业务涉及跨行交易，所以每个班级应为其创建两个支行，其中一个支行作为跨行交易时使用。创建支行时，"交易部门"的前两位数与分行相同，后两位数为支行序号，如"分行 2200"的支行 1 为"2201"，支行 2 为"2202"等。部门序号为任意两位数。上级网点号为分行交易部门号，如"2200"。

(6) 教师组权限：本系统是按教师组来设置教师权限。系统已默认创建好若干个教师组，管理员可以不必新增教师组，只需新增或删除教师组权限即可。

(7) 教师管理：新增教师时需选择哪一个教师组，"教师编号"就是教师登录系统时使用的"用户编号"，默认登录密码为888888。系统已创建好若干教师用户，只需修改教师姓名即可，无须新增。

(8) 公告信息管理：用于管理公告信息，新增公告信息可以指定发送给哪个部门或哪一类柜员用户。

2. 教师用户操作说明

(1) 修改登录密码：教师登录：交易部门为0000，用户编号由管理员分配，钱箱号码为空，用户密码初始为888888。为了安全起见，第一次登录系统后，务必修改登录密码。

(2) 交易部门管理：修改部门名称，将系统默认的部门名称改为班级名称。

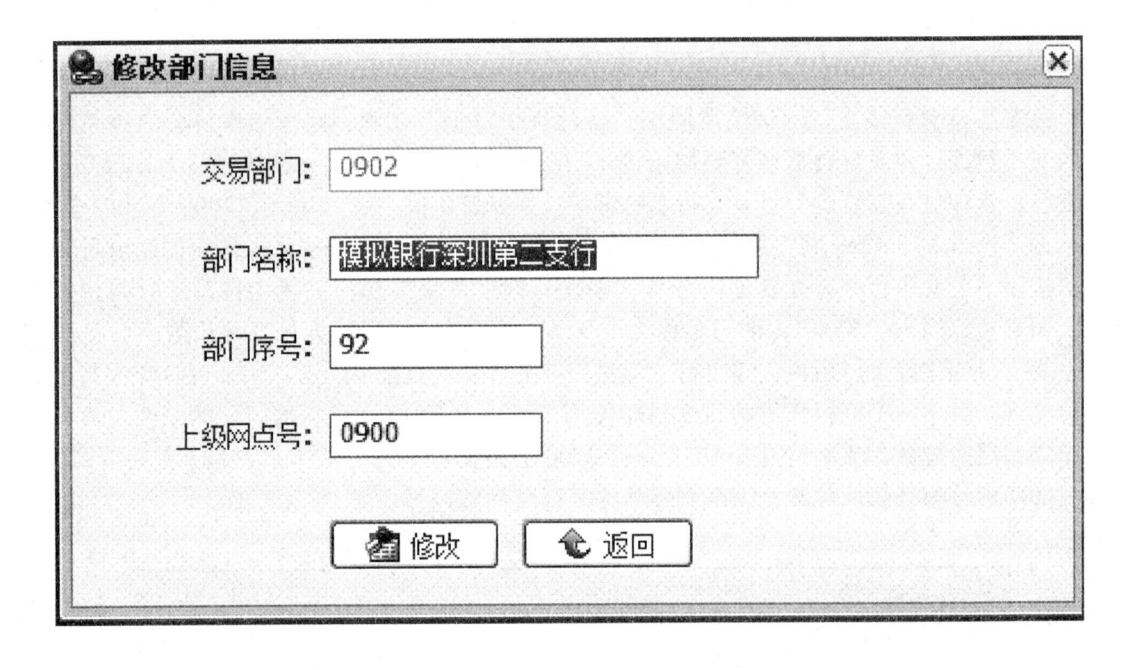

(3) 交易柜员管理：学生用户就是柜员，批量增加用户时储蓄用户组选择"USG03（普通柜员组）"，对公用户组选择"USG12（会计记账员组）"。柜员数量为学生用户数量。执行操作后，系统将会批量生成柜员代码。如果柜员数量为50，则系统会自动生成50个储蓄柜员代码及50个对公柜员代码，储蓄柜员代码起止号码为"S0001~S0050"，对公柜员代码起止号码为"K0001~K0050"，把储蓄柜员代码和对公柜员代码分配给学生，初始密码均为888888。柜员代码就是学生以柜员身份登录系统的用户编号。系统默认状态下，已经为每个支行创建了100个柜员（S0001~S0100，K0001~K0100），教师只需将柜员代码分配给学生即可。

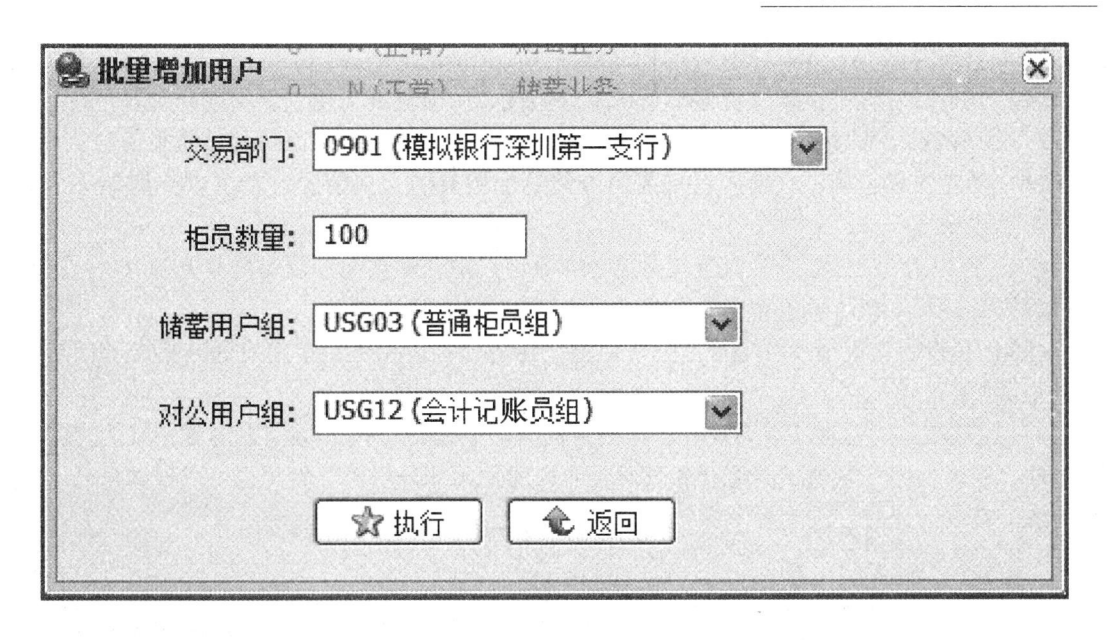

(4) 部门钱箱信息：每个柜员均应创建并绑定一个钱箱号码，否则无法进行业务操作。教师可以查看学生柜员的钱箱号码，删除或重新绑定柜员。

(5) 评分时间管理：教师如需指定在某一个时间段内进行评测学生实训情况，则在此设置评分起止时间。默认状态下，学生所有的交易均可以评分。一般情况下，无须修改评分时间。

（6）联行行号管理：联行行号由系统自动生成，一般情况下无须新增或修改联行行号。

（7）查询系统信息：查询商业银行会计科目、业务代码、利率、储种性质等信息。

（8）学生交易查询：教师可以按部门查询学生柜员的交易情况，也可以查询某一个柜员的交易情况。

（9）学生成绩统计：系统设置总分为 200 分，其中，储蓄业务及对公业务各 100 分。教师可以按交易部门统计学生的实训成绩，并可以导出 Excel 表格。

（10）公告信息管理：教师管理公告信息，新增公告信息可以指定发送给哪个部门或哪一类柜员用户。

（11）教学案例管理：本系统教学案例由资深商业银行工作人员精心编制，案例之间互相串联、逻辑性强，涵盖了储蓄业务及对公业务的绝大部分功能。教师也可以根据自己的教学要求，新增、修改、删除教学案例。

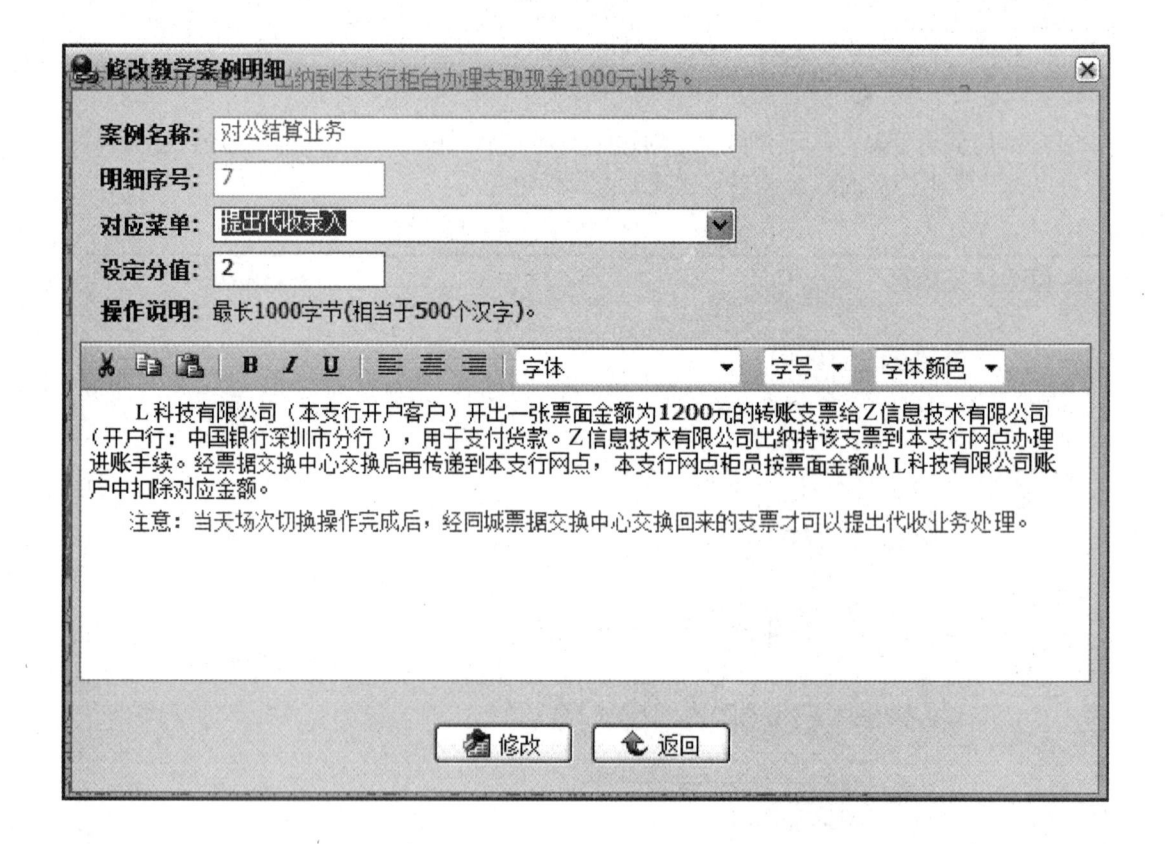

3. 创建交易部门

本系统把学生实验班级分为各个支行，每个班级为一个支行。每个分行下可以创建多个支行，即创建多个班级。方法如下：

（1）第一步，进入"系统管理\交易部门管理"，先创建分行。系统默认了总行的部门号为"0001"，分行部门号为可设为"2200"，如下图所示：

部门号	部门名称	部门序号	上级网点号
0001	总行	00	
0800	模拟银行北京分行	08	
0801	模拟银行北京第一支行	81	0800
0802	模拟银行北京第二支行	82	0800
0803	模拟银行北京第三支行	83	0800
0804	模拟银行北京第四支行	84	0800
0805	模拟银行北京第五支行	85	0800
0806	模拟银行北京第六支行	86	0800
0807	模拟银行北京第七支行	87	0800
0808	模拟银行北京第八支行	18	0800
0809	模拟银行北京第九支行	19	0800
0810	模拟银行北京第十支行	20	0800
0900	模拟银行深圳分行	09	
0901	模拟银行深圳第一支行	91	0900
0902	模拟银行深圳第二支行	92	0900
1500	资产保全部	89	
1501	资产保全部	88	1500
9998	网银部门	98	
9999	中心机房	99	

（2）创建"分行"，如下图所示：

(3) 创建"支行",如下图所示:

4. 交易柜员管理

本系统学生登录账号就是柜员号,系统默认创建柜员时生成"对公柜员号"和"储蓄柜员号",方法如下:

(1) 进入"部门管理/交易柜员管理",创建柜员号,如下图所示:

注意：应选中支行网点，而不要选择分行。
（2）创建柜员，方法如下图所示：

（3）点击"执行"，系统将批量生成柜员号。如果柜员数量为50，则储蓄用户柜员号为 S0001～S0050，对公用户柜员号为：K0001～K0050。
（4）修改柜员信息，如下图所示：

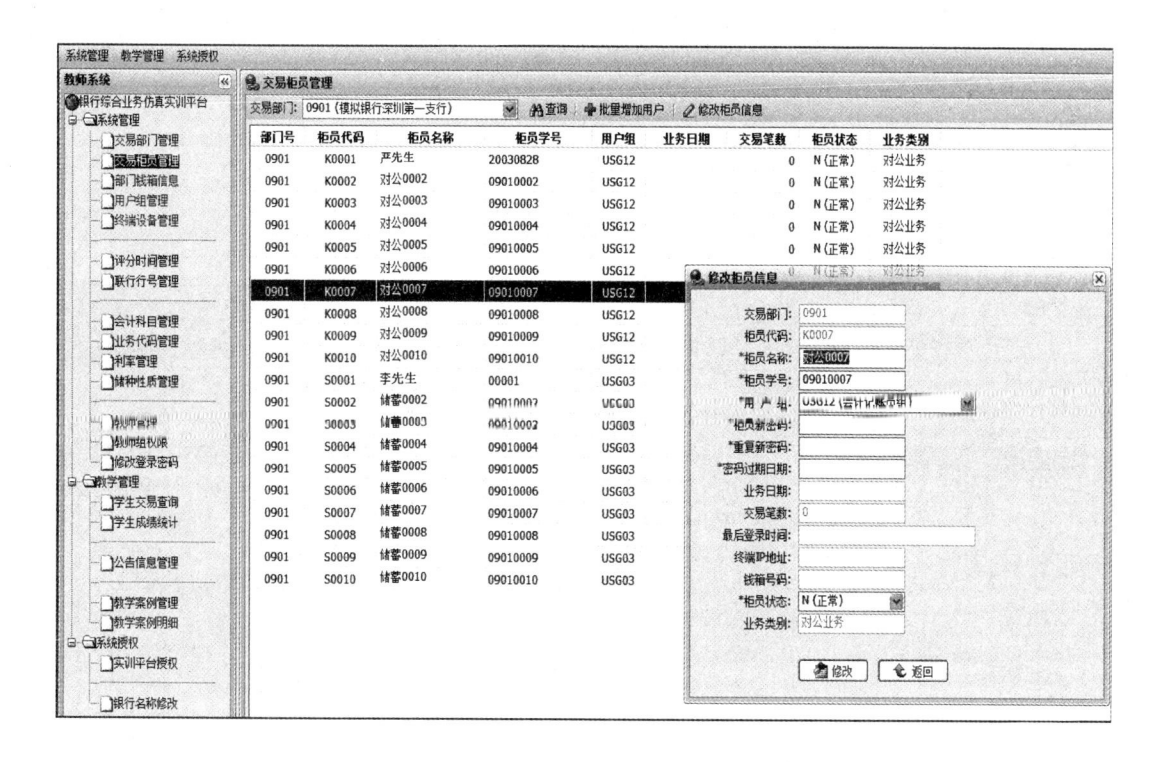

(5) 用户组管理。

用户组管理用于修改用户组的操作权限，如下图所示：

（6）用户权限维护。

用于修改操作额度，如下图所示：

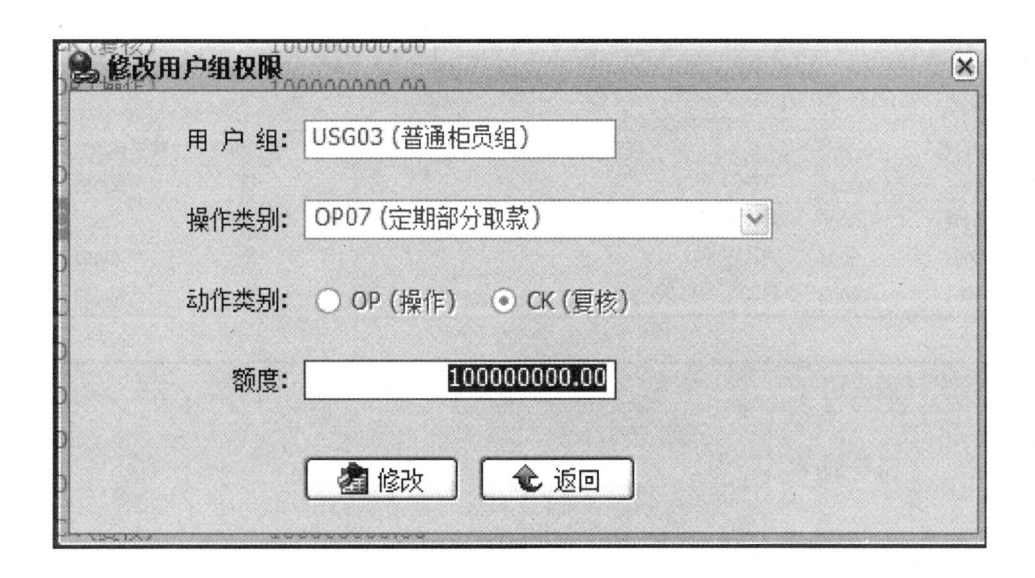

（7）评分基数管理。

设定评分标准及评分时间段，如下图所示：

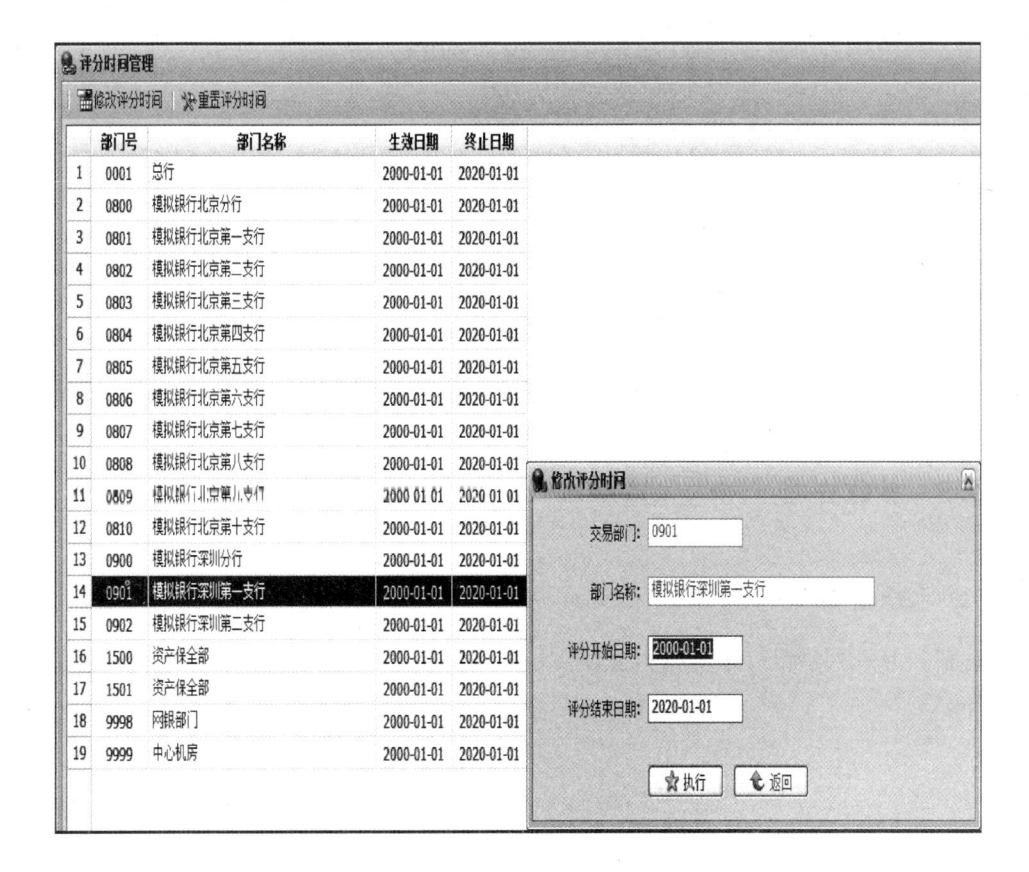

(8) 部门钱箱信息。

查看、修改、绑定、关闭柜员钱箱号，如下图所示：

部门号	钱箱号	钱箱名称	钱箱状态	是否绑定	绑定或创建用户
0901	00001	储蓄00001	正常	是	S0001
0901	10000	对公10000	正常	是	K0001
0901	10001	对公10001	正常	是	K0002
0901	10003	对公钱箱10003	正常	是	K0003

2.4.2 参数管理

1. 会计科目管理

会计科目管理列示银行系统所示会计科目，并可以将会计科目表导出到 Excel 表中，如下图所示：

科目代码	新科目代码	科目名称	科目性质	科目级别	余额性质	启用标志	用于报表
101	1001	现金	资产类	1	借方余额	启用	是
10101	100101	库存现金	资产类	2	借方余额	启用	是
1010101	10010101	储蓄库存现金	资产类	2	借方余额	启用	是
1010102	10010102	对公库存现金	资产类	2	借方余额	启用	是
10102	100102	运送中外币现金	资产类	2	借方余额	启用	是
10103	100103	库存外币	资产类	2	借方余额	启用	是
103	1441	贵金属	资产类	1	借方余额	启用	是
110	100301	存放中央银行存款	资产类	1	借方余额	启用	是
11001	10030101	存放中央银行准备金存款	资产类	2	借方余额	启用	是
11002	10030102	存放中央银行备付金存款	资产类	2	借方余额	启用	是
111	100302	存放中央银行特种存款	资产类	1	借方余额	启用	是
113	100303	划缴中央银行财政存款	资产类	1	借方余额	启用	是
114	101101	存放同业清算款项	资产类	1	借方余额	启用	是
11401	10110101	存放工商银行清算款项	资产类	2	借方余额	启用	是
11402	10110102	存放农业银行清算款项	资产类	2	借方余额	启用	是
11403	10110103	存放中国银行清算款项	资产类	2	借方余额	启用	是
11404	10110104	存放建设银行清算款项	资产类	2	借方余额	启用	是
11405	10110105	存放交通银行清算款项	资产类	2	借方余额	启用	是
11410	10110110	存放其他银行清算款项	资产类	2	借方余额	启用	是
115	101102	存放同业一般款项	资产类	1	借方余额	启用	是
11501	10110201	存放工商银行一般款项	资产类	2	借方余额	启用	是
11502	10110202	存放农业银行一般款项	资产类	2	借方余额	启用	是
11503	10110203	存放中国银行一般款项	资产类	2	借方余额	启用	是
11504	10110204	存放建设银行一般款项	资产类	2	借方余额	启用	是
11505	10110205	存放交通银行一般款项	资产类	2	借方余额	启用	是

2. 业务代码管理

列示本系统所涉及的所有业务代码及其对应的会计科目，并可将其导出 Excel 表中，如下图所示：

业务代码	内部账号户名	开户允许…	余额性质	启用标志	透支控制	计息方式	分段计息…	胃网销户	开销户级…	利率类别	账户类别
011	存放工商银行清算款项	是	借方余额	启用	是	不计息	不分段	否	不统计	不计息	对公
012	存放农业银行清算款项	是	借方余额	启用	是	不计息	不分段	否	不统计	不计息	对公
013	存放中国银行清算款项	是	借方余额	启用	是	不计息	不分段	否	不统计	不计息	对公
014	存放建设银行清算款项	是	借方余额	启用	是	不计息	不分段	否	不统计	不计息	对公
015	存放交通银行清算款项	是	借方余额	启用	是	不计息	不分段	否	不统计	不计息	对公
016	存放其他银行清算款项	是	借方余额	启用	是	不计息	不分段	否	不统计	不计息	对公
021	拆放工商银行	是	借方余额	启用	是	不计息	不分段	否	不统计	不计息	对公
022	拆放农业银行	是	借方余额	启用	是	不计息	不分段	否	不统计	不计息	对公
023	拆放中国银行	是	借方余额	启用	是	不计息	不分段	否	不统计	不计息	对公
024	拆放建设银行	是	借方余额	启用	是	不计息	不分段	否	不统计	不计息	对公
025	拆放交通银行	是	借方余额	启用	是	不计息	不分段	否	不统计	不计息	对公
026	拆放其他银行	是	借方余额	启用	是	不计息	不分段	否	不统计	不计息	对公
031	业务周转金	是	借方余额	启用	否	不计息	不分段	否	不统计	不计息	对公
032	存出保证金	是	借方余额	启用	是	不计息	不分段	否	不统计	不计息	对公
033	支出性往来	否	借方余额	启用	是	不计息	不分段	否	不统计	不计息	对公
034	待报批固定资产	是	借方余额	启用	是	不计息	不分段	否	不统计	不计息	对公
035	垫支诉讼费	是	借方余额	启用	是	不计息	不分段	否	不统计	不计息	对公
036	其他应收款	是	借方余额	启用	否	不计息	不分段	否	不统计	不计息	对公
041	房屋及建筑物	是	借方余额	启用	是	不计息	不分段	否	不统计	不计息	对公
042	机器、机械及其他设备	是	借方余额	启用	是	不计息	不分段	否	不统计	不计息	对公
043	电子设备、运输工具等	是	借方余额	启用	是	不计息	不分段	否	不统计	不计息	对公
044	房屋及建筑物	是	借方余额	启用	是	不计息	不分段	否	不统计	不计息	对公
045	机器、机械及其他设备	是	借方余额	启用	是	不计息	不分段	否	不统计	不计息	对公
046	电子设备、运输工具等	是	借方余额	启用	是	不计息	不分段	否	不统计	不计息	对公
047	房屋及建筑物	是	借方余额	启用	是	不计息	不分段	否	不统计	不计息	对公

3. 利率管理

查询系统利率类别及利率，如下图所示：

利率类别	利率类别名称	存期代码	货币符号	生效日期	终止日期	利率
A01	零存整取	301	人民币	2007-12-21	2050-12-31	3.3300
A01	零存整取	303	人民币	2007-12-21	2050-12-31	3.7800
A01	零存整取	305	人民币	2007-12-21	2050-12-31	4.1400
B01	整存零取	301	人民币	2007-12-21	2050-12-31	3.3300
B01	整存零取	303	人民币	2007-12-21	2050-12-31	3.7800
B01	整存零取	305	人民币	2007-12-21	2050-12-31	4.1400
C01	存本取息	301	人民币	2007-12-21	2050-12-31	3.3300
C01	存本取息	303	人民币	2007-12-21	2050-12-31	3.7800
C01	存本取息	305	人民币	2007-12-21	2050-12-31	4.1400
E01	单位大额定期	301	人民币	2007-12-21	2050-12-31	4.1400
E01	单位大额定期	302	人民币	2007-12-21	2050-12-31	4.6800
E01	单位大额定期	303	人民币	2007-12-21	2050-12-31	5.4000
E01	单位大额定期	305	人民币	2007-12-21	2050-12-31	5.8500
F01	协定存款	000	人民币	2007-05-19	2050-12-31	1.5300
G01	公积金存款	000	人民币	2002-02-21	2050-12-31	0.7200
H01	H01	206	人民币	2001-03-01	2079-06-06	0.8100
H01	H01	301	人民币	2001-03-01	2079-06-06	1.9800
H01	H01	302	人民币	2001-03-01	2079-06-06	2.6100
H01	H01	303	人民币	2001-03-01	2079-06-06	2.8900
I01	I01	206	人民币	2004-03-01	2079-06-06	0.8100
I01	I01	301	人民币	2004-03-01	2079-06-06	1.9800
I01	I01	302	人民币	2004-03-01	2079-06-06	2.6100
I01	I01	303	人民币	2004-03-01	2079-06-06	2.9700
I01	I01	304	人民币	2004-03-01	2079-06-06	3.0600
I01	I01	305	人民币	2004-03-01	2079-06-06	3.1400

4. 储蓄性质管理

查询各储种的业务规则，如下图所示：

业务代码	存期代码	货币符号	起存金额	最低金额	存款次数	取款次数	提取类别
201	000	人民币	0.00	0.00	0	0	提取本金
202	000	人民币	0.00	0.00	0	0	提取本金
203	000	人民币	0.00	0.00	0	0	提取本金
204	000	人民币	0.00	0.00	0	0	提取本金
205	000	人民币	0.00	0.00	0	0	提取本金
206	000	人民币	0.00	0.00	0	0	提取本金
207	000	人民币	0.00	0.00	0	0	提取本金
208	000	人民币	0.00	0.00	0	0	提取本金
209	000	人民币	0.00	0.00	0	0	提取本金
210	000	人民币	0.00	0.00	0	0	提取本金
211	000	人民币	0.00	0.00	0	0	提取本金
212	000	人民币	0.00	0.00	0	0	提取本金
213	000	人民币	0.00	0.00	0	0	提取本金
221	203	人民币	0.00	0.00	0	0	利随本清
221	206	人民币	0.00	0.00	0	0	利随本清
221	301	人民币	0.00	0.00	0	0	利随本清
222	302	人民币	0.00	0.00	0	0	利随本清
222	303	人民币	0.00	0.00	0	0	利随本清
222	305	人民币	0.00	0.00	0	0	利随本清
223	301	人民币	0.00	0.00	0	0	利随本清
223	302	人民币	0.00	0.00	0	0	利随本清
223	303	人民币	0.00	0.00	0	0	利随本清
223	305	人民币	0.00	0.00	0	0	利随本清
224	000	人民币	500000.00	500000.00	0	0	利随本清
224	101	人民币	500000.00	500000.00	0	0	利随本清

2.4.3 联行行号管理

联行行号管理用于增加联行交易行号及编辑修改联行相关信息，如下图所示：

2.4.4 教学管理

1. 学生交易查询

查询学生的交易情况，如下图所示：

2. 学生成绩统计

查询学生的实验成绩，如下图所示：

序号	柜员号	柜员名称	柜员学号	学生积分
1	K0001	严先生	20030828	24
2	K0002	对公0002	09010002	1
3	K0003	对公0003	09010003	1
4	K0004	对公0004	09010004	0
5	K0005	对公0005	09010005	0
6	K0006	对公0006	09010006	0
7	K0007	对公0007	09010007	0
8	K0008	对公0008	09010008	0
9	K0009	对公0009	09010009	0
10	K0010	对公0010	09010010	0
11	S0001	李先生	00001	52
12	S0002	储蓄0002	09010002	0
13	S0003	储蓄0003	09010003	0
14	S0004	储蓄0004	09010004	0
15	S0005	储蓄0005	09010005	0
16	S0006	储蓄0006	09010006	0
17	S0007	储蓄0007	09010007	0
18	S0008	储蓄0008	09010008	0
19	S0009	储蓄0009	09010009	0
20	S0010	储蓄0010	09010010	0

交易部门：0901（模拟银行深圳第一支行）　查询　导出Excel表

第二篇
商业银行综合业务概述

商业银行综合业务概述

【教学重点】

    了解现代商业银行业务系统特点

    理解银行核心会计制度、综合柜员制及客户化管理思想

    理解基本业务的特点

    熟悉商业银行客户号编排方法及生成原理

    熟悉储蓄账号及对公账号的编排方法及生成原理

    分析系统生成的客户号与账号之间的关系

    掌握开立个人储蓄客户号及对公客户号的方法

    掌握开立个人储蓄账号对公账号的方法

    熟悉银行业务日常操作流程

    了解商业银行业务通用规定

【实验操作】

    生成个人储蓄客户号

    生成个人储蓄账号

    配置个人业务钱箱

    领取储蓄业务凭证

    生成对公客户号

    生成对公基本账户账号

    激活对公基本账号

    配置对公业务钱箱

    领取现金支票业务凭证

【课时安排】

    讲解1个课时，实验操作2个课时

3.1 个人储蓄业务概述

3.1.1 系统特点

(1) 核心会计

核心会计,即并账制,它是将银行的会计核算过程从业务处理过程中提取出来,成为一个通用的会计核心,所有业务过程如储蓄、对公、代理业务等都围绕着一个会计核心来展开。这样,就为将来银行创新业务打下了一个坚实的基础,同时也最大限度地减少了因会计核算办法的改变而对业务过程带来的影响。核心会计系统,代表了先进银行系统的一个主要特点,也是目前国内商业银行系统发展的一个新趋势。

(2) 面向综合柜员

通过在并账制的基础之上,对前台系统和综合业务系统的有机结合,在保留原有账务轧平方式的同时,逐步将柜面人员以面向账务为主改为面向业务为主的方式,提高业务的处理效率,并有利于新业务的开展。

(3) 客户化

目前,大部分银行业务系统的业务处理均以账号为基础,同一客户不同的业务品种的账务之间缺乏有机的联系。同一客户的存贷款、资金去向等完整的业务信息难以把握。为加强对客户的服务,减少银行资金运营风险,必须强化对客户信息的管理。为此改变以往应用系统设计的方法,提出面向客户信息的设计方法,以客户信息文件为基础,构造客户信息管理子系统,这样银行就可以综合掌握客户状况,以便提供全面的客户追踪和决策分析手段。如资信评估、风险评估等。并为客户提供更好的服务手段,如一卡通、一本通、企业理财、个人理财等。

3.1.2 账号编排体系

(1) 客户号

客户号由10位数码组成:

第1位用数字"0"~"3"表示储蓄账号,"4"~"8"表示对公账号,"9"表示内部账号。我们一般使用的是储蓄账号。

第2~9位为顺序号。

第10位为校验位。

例如,0000003488中,第1位"0"表示该客户号是储蓄账号,第2~9位的00000348是顺序号,表示该客户号是银行开立的第348位客户,最后一位的8表示校验位。因为储蓄账号是"0"~"3",所以加上顺序号后,全行可以有4亿个储蓄客户。

(2) 储蓄账号

储蓄账号共15位,由前10位的客户号和后5位的账号后缀共同组成。其中,账号后缀前4位为顺序号，第5位为校验位。

例如，0000003488 00010 表示客户号为 0000003488 的客户开立的 0001 第一个子户。（顺序号第5位为校验位）每个客户号下可以有1万个分户。

（3）内部账号

内部账号是银行工作人员内部使用的账号，由10位客户号和5位后缀组成。

其中，客户号对应一个网点在某个币种下的某种业务。

第1位用数字"9"表示内部账号。

第2~3位为支行号。

第4~5位为网点号。第2、3、4、5位合并表示完整的网点编号。

第6~7位为货币代号。

第8~10位为业务代码。

账号5位后缀为顺序号，由全行统一制定。

例如，9010110101 00001 中的"9"表示内部账号，"01"表示市行营业部，"01"表示市行营业部01网点，第6~7位的10表示币种（人民币），第8~10位的101表示库存现金业务代码，最后的5位00001表示柜员钱箱。所以，这个内部账号的意思，就是向市行营业部01网点00001柜员钱箱存放存、取款。

（四）业务代码的特点

业务代码对应唯一的科目。科目可能根据实际业务需要而变动，但是对应的业务代码是不变的。与科目相对应，并不是说与科目一样。科目可以是3位、5位、7位，而业务代码只是3位。

3.1.3 卡业务简介

"一本通"或"一卡通"都是一种重要凭证，而不是一项业务。"一本通""一卡通"适用于各储种，所有储种的操作程序都同一般储蓄业务。"一本通""一卡通"开户时可直接开卡本通，也可以只开"一本通"或"一卡通"，事后客户如有需要可以补开相应的"一卡通"或"一本通"。开户时，必须凭本人身份证件办理并预留密码，密码必须是6位数。"一卡通"分查询密码和支取密码两种，两者可相同也可不同。"一本通"内所有存取款或销户业务，必须由客户填写存取款凭条。卡业务详细规定见《商业银行都市卡业务规定》。

3.1.4 柜员管理

（1）柜员编号

柜员由市行统一管理。柜员号5位，网点柜员形式为：S##**，其中，S表示该柜员是操作员（如果是A则表示该柜员是ATM），##（01~29）为支行号，**为支行下柜员统一编号（00~99）。例如，S0215表示02支行的第15位柜员。

（2）柜员级别设置

管理级——为A级不临柜只作专项授权管理业务，对具体权限按金额和业务操作权限划分。

操作级——分为 B 级（柜长）和 C 级（普通操作员）。B 级不临柜，但可办理代扣、代发、小金额授权等特殊业务，C 级具体权限按金额和业务操作权限划分。

（3）柜员密码管理

柜员首次使用系统，必须首先修改自己的柜员密码。

柜员要保管好自己的密码，原则上要求每个月对密码进行修改。

如因密码泄露或将密码交由他人使用而造成的损失，由柜员自己负责。

柜员密码忘记可由其他柜员进行柜员密码修改操作，对其密码进行挂失。挂失的密码，必须由中心机房进行解挂并更换新密码。

（4）柜员权限管理

柜员要严格按照自己的权限进行操作和授权。

不得将自己的柜员卡交由他人使用，如有特殊原因须进行书面交接。

3.1.5 凭证管理

1. 凭证种类及使用

程序下的凭证种类，包括储蓄存折、储蓄存单、一本通存折、一卡通。存折、存单由市行分配，一卡通由卡部分配。

可以用储蓄存折的储种包括：活期、零整、通知存款、教育储蓄和存本取息。

整存整取和定活两便都使用储蓄存单。

一本通和一卡通各储种都可使用。

2. 凭证领用

系统的凭证领用，采取从市行到支行、从支行到网点的二级分配体系。支行到市行领用凭证后，市行管理部门必须将凭证的起始号码输入中心机房的管理机内，并进行分配操作，将凭证分配到各支行管理机内。同样，支行凭证管理员也要将凭证的起始号码有计划地分配到各网点的库钱箱中，网点凭证负责人在前台机器交易界面选择库钱箱领入凭证到库钱箱，柜员用凭证出库交易领入凭证。

具体流程：市行库—支行库—网点库钱箱—柜员钱箱。一卡通的分配和普通凭证分配一样，只是一卡通的分配是从卡部开始，而不是市行库。

3.1.6 钱箱管理

系统对网点设立库钱箱和柜员钱箱。库钱箱由中心机房建立，柜员钱箱在柜员第一次登录系统注册时，柜员钱箱号不输入（此时，此柜员钱箱不存在），要柜员注册系统作增加柜员钱箱后柜员才生成钱箱号。在柜员钱箱生成后不能办理现金业务，需退出系统重新注册系统（此时，要输入柜员钱箱号）后才能办理现金业务。本所库钱箱本网点所有柜员都可使用，柜员钱箱只许本柜员使用，如果一个柜员不注册钱箱，则只能作转账业务而不能作现金业务。

3.1.7 业务通用操作

• 对客户进行完整的管理,任何新客户在开账户之前,必须先开户,账户通过"客户号+账号后缀"来区分。客户号(一批)由总行科技部打印出来发给各支行。各储蓄网点再根据业务需要向上级行申请。客户号长度为10位:第1~2位为支行号,第3位用数字"0"~"3"表示储蓄账号,第4~9位为顺序号,第10位为校验位。客户号由客户自己选择,临柜人员输入电脑。

• 凡按回车键后,弹出刷磁条窗口的,请在刷卡器上刷存折或操作员卡。

• 若某业务要取消刷磁条的功能,请在窗口上找到"凭证输入"选择框,选择"手工输入"。

• 凡按回车键后,弹出刷输入密码窗口的,请刷操作员卡或提醒客户按密码键盘输入密码。

• 定期储蓄业务中要求输入存期代码。存期代码共3位:第1位为数字"1"时表示以天为单位输入存期,为"2"时表示以月为单位输入存期,为"3"时表示以年为单位输入存期;后面两位表示相应的存期。现系统中的定期储蓄业务存期代码共有以下几种:1天期通知存款的存期代码为"101";7天期通知存款的存期代码为"107";3月期定期存款的存期代码为"203";6月期定期存款的存期代码为"206";1年期定期存款的存期代码为"301";2年期定期存款的存期代码为"302";3年期定期存款的存期代码为"303";5年期定期存款的存期代码为"305";8年期定期存款的存期代码为"308"。

• 业务操作中,凭证号码必须为8位,密码为6位。

• 若某业务要取消密码功能,请在窗口上找到:印鉴类别,选择C(无限制)或D(印鉴)。

• 窗口中,若"客户号"旁边有两个输入框(上下或左右排列),我们称第一个为"客户号",称第二个为"客户号重复"。同理,对"账号""存折号""存单号"。

• 任何时候,若打印出现故障不能再进行处理,请先退出本系统后再进入系统,按以下顺序处理。

选择"个人储蓄"按钮,进入"个人储蓄"处理窗口;
选择"特殊业务"按钮,进入"特殊业务"处理窗口;
选择"凭证"按钮,进入"凭证处理"窗口;
选择"重打最后交易"按钮,进入"打印处理窗口";
选择要打印的交易,选择"执行"按钮,在系统的提示下操作。

3.1.8 当天业务处理

每天请按以下顺序处理:
◆ 打开机器,进入系统。
◆ 作现金日初(钱箱管理:现金有价凭证出库)。
◆ 处理具体储蓄业务。

- 作现金日终平账（钱箱管理尾箱轧账）。
- 退出系统、关机。

3.1.9 日常操作流程

对网点来说，专人或指定柜员把支行的凭证或现金领到库钱箱中，该项操作的领用必须是全额领用，即支行分配多少必须领用多少。然后，每个柜员进行"现金/凭证出库"的操作，将自己办理业务所要使用的现金和凭证从网点库钱箱领到自己的柜员钱箱中。强调交易为柜员领用现金或凭证为柜员上缴现金或凭证。柜员与柜员之间，可使用"现金/凭证调配"相互协调使用。只能由调出柜员做。业务流程：到银行办理开账户业务（包括普通业务和卡业务）的客户，都要先开立一个普通客户号或一卡通客户号。

1. 普通账户

客户拿身份证、凭条来办理新开账户业务，柜员先进行"开普通客户"交易，输入证件类型和号码后回车，如果系统提示"该证件已开过客户号"，则记下该客户号，退出"开普通客户"交易，直接进入相应的开账户交易。如果系统没有任何提示，说明该证件不曾开立客户号，那么，柜员就请客户重新填写"客户申请书"，然后连同填好的凭条和证件一起交给柜员，从"开普通客户"交易开始。

2. 一卡通账户

客户填写"客户申请书"、凭条，连同有效证件一起交给柜员，从"开一卡通客户"交易开始。客户开过客户号后，以后再办理开账户，就不必再填写"开户申请书"，直接就可以办理业务了。

3. 注意事项

普通客户号可以开一本通账户和普通账户，一卡通客户号可以开所有账户。原则上，一个有效身份证件只能开一个客户号。开过普通客户号的有效身份证件可以再开一个一卡通客户号，但是，开过一卡通客户号的有效身份证件不能再开普通客户号。如果某新开客户证件类型和证件号码与其他客户相同的情况下，不再开立新客户，而返回具有相同证件客户的客户号。

代理他人申请开立储蓄账户，须验代理人及储蓄账户申请人的有效身份证件，在开户申请书上注明"代办"字样，并请代理人签字。

4. 一本通、一卡通的销户

一本（卡）通内所有账户结清后，客户还可持此凭证到银行重新开立账号，所以原则上不用销一本通、一卡通凭证，如客户坚持销户，必须将一本通或一卡通内所有账户销户后，进入"个人储蓄销一卡通凭证"画面，销一卡（本）通凭证。销户后，一本通凭证加盖"结清"章随传票交事后监督。一卡通卡片当客户面在靠磁条的一端中间剪一"V"型缺口（深度应跨过磁条宽度）。注销后，日终交前台主管签收，同时，填写"废卡回缴清单"。按月将销卡汇总后，于次月上旬送卡部销毁。

5. 通用规定

客户当日密码累计输错5次，电脑自动对客户的账户进行锁定，待当日业务终了，机房批处理完毕后，第二日电脑自动对该账户作解锁处理。

可以办理无折（卡）续存业务，但要给客户打印"商业银行储蓄存款回单"。在下次办理业务时，通过补登折记录上笔业务。

定期业务下的强行销户，指节假日到期的定期存款在节假日之前几天办理销户的业务应用程序。此时，利率按原定期利率、天数按实存天数计算。

6. 其他业务

（1）冲账

业务处理过程中，如果发生错账后，不允许抹账，所有的错账一律通过"冲账"解决。
（1）冲账业务的办理必须是双人，其中一人为管理级人员。
（2）冲账不允许冲单边，必须冲一套。
（3）系统冲账结束后，还要手工补制冲账传票（摘要栏要写明冲账户名、账号、冲账流水），这样冲账才算全部结束。

（2）补账

有密码业务发现有错账，必须进行冲账，同时要办理补账业务。一笔冲账业务只能办理一笔补账业务。

必须双人办理，其中一人为管理级人员。

必须是本行的账务。

补账业务也必须手工填制凭条（按正确的业务情况），写明补账流水。

补账必须有借方、贷方，借方贷方合计金额要相等。

注：冲账、补账业务处理过程中，如果牵涉凭证问题，可以手工调整。并注说明。

（3）冲销户

开户后，若发现户名打印错误、存折打印错误等情况，在没有办理其他存取款业务之前可以进行冲开户，冲开户后原凭证作废。

定期或活期销户过程中发生错误，可通过冲销户将该账户置为最后销户那笔交易以前的状态，并保证累积数正确。

必须双人办理，其中一人为管理级人员。

冲销户过程，同样需要手工填制红字冲正传票4张。一张传票冲正现金，一张传票冲正本金，一张传票用于冲正利息，另一张传票用于冲正代扣利息税。这样冲销户才算完成。

7. 特殊业务

（1）特殊业务申请书

客户办理特殊业务，必须首先填写"特殊业务申请书"一式两联，业务办理完毕后请客户签名确认，将银行留存联收回，日终随传票送事后监督。

支行报表机每天打印特殊业务清单,支行前台负责人负责检查监督"特殊业务申请书"。

(2) 需要填写"特殊业务申请书"的业务范围

私人客户维护

表内信息维护

口挂、解除口挂

补开一卡通/一本通凭证

加/删密码

8. 特殊业务说明

(1) 信息维护

私人客户维护:各支行客户姓名和有效证件号码的修改,必须填写"特殊业务申请书",到支行营业部进行修改,并由 A 级柜员授权。原则上,不允许同时对姓名和有效证件号码进行修改。

表内账户信息维护:表内账户信息维护中,可对"通存通兑""自动转存""账户性质""计息标志"进行修改。例如,将账户性质由代收、代扣修改为正常后,工资转存才可以清户。

(2) 账户维护

账户部分冻结、账户部分解冻、账户冻结、账户解冻均不允许跨网点办理。其中,账户部分冻结时,部分冻结金额和部分解冻金额必须一致。

睡眠户激活:根据规定年限以上没活动的客户,系统自动定义为睡眠户,再活动时要先激活此户,再办理正常业务。

(3) 凭证维护

凭证挂失必须在发出凭证的网点办理,由客户填写"挂失业务申请书"。

(4) 一卡通

一卡通换凭证:一卡通/一本通破损或用满后进行更换,由客户填写"特殊业务申请书"。更换一本通时,存折打印一本通中未销户的账户信息。

一卡通重新写磁:一卡通/一本通在磁条信息受到破坏、不能正常读出的情况下,用户可以持原卡/存折到任何网点进行重新写磁的操作。由客户填写"特殊业务申请书"。

一卡通打印调整:一本通中,将存折行号标记的交易之后的所有交易设为未登折交易并进行打印调整。其中,起始行为接下来开始打印的行数,不输入起始行则从第一笔交易开始调整。存折行号必须输入三位数。调整时不打印,调整后通过补登折反映。

(5) 凭证

(1) 重打最后交易:业务进行过程中,若存折(单)、凭条打印不正规或由于打印机的故障造成凭条或存折(单)没打印上,前台操作员可选择"重打最后交易"进行补打。

要求:由于每个终端只记录最后 5 笔交易的打印信息,所以当发生故障时,要及时办理补打业务。

(2) 凭证密码修改:用于普通存折、存单的密码修改。修改不用授权,加密码需要授权。无密码时为非通兑户,加密码后若要通兑,必须进行的操作将对应账户的通兑状态由"非通存通兑"修改为"通存通兑",否则系统默认该账户仍为非通兑户。

3.2 对公会计业务概述

3.2.1 系统特点

1. 面向客户

目前,对公系统的业务处理均以账号为基础,同一客户不同业务品种的账务之间缺乏有机联系。同一客户的存贷款、资金去向等完整的业务信息难以把握。

为加强对客户的服务,减少银行资金运营风险,必须强化对客户信息的管理。因此,新系统提出面向客户信息的设计方法,以客户信息文件(CIF)为基础,构造客户信息管理子系统(Customer Information System,CIS)。

以客户为中心,引入客户号,统辖相关的多个账户。客户号是面向客户的基础,系统根据客户号唯一地识别一个客户。账户中不但包含了传统的账务信息,更重要的是它必须归属于一个全行唯一的客户号。客户号的引入,为银行提供一个重要的角度——客户,来掌握银行的经营情况。便于实现客户理财、控制多头贷款等,为将来的客户关系管理奠定基础。

2. 核心会计

现有对公系统的主要特点:
- 面向账务的业务处理。
- 采用单边记账。
- 采用录入—复核的传统记账方式。
- 账务中能反映少量的业务信息。
- 其典型的业务处理方式如下:

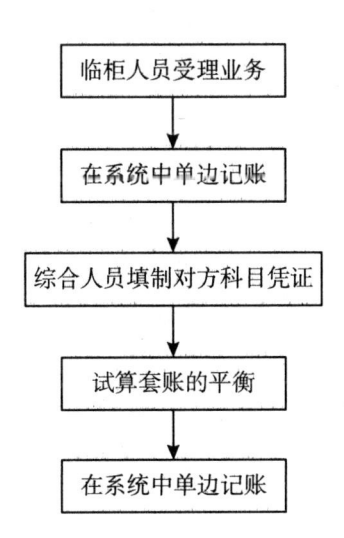

```
临柜人员受理业务
      ↓
在系统中单边记账
      ↓
综合人员填制对方科目凭证
      ↓
试算套账的平衡
      ↓
在系统中单边记账
```

系统采取核心记账方式。核心会计思想是业务处理上对会计处理的客观要求。银行的每个业务处理可以分成两部分：一部分为业务部分；另一部分为会计记账部分。业务部分根据业务品种的不同，处理方式、流程控制是不同的，系统一定要设置相关的交易去处理它。但会计记账是有一定规律的，可以从具体的交易中分离出来，形成一个大家能共同使用的核心模块，即建立参数化的记账核心，由于记账核心是事先设置好的，相当于把银行的会计知识放入了一个知识库，并经过认真细致的核查，其准确性在程序代码中有保证。

核心会计，即并账制，它是将银行的会计核算过程从业务处理过程中提取出来，成为一个通用的会计核心，所有业务过程如储蓄、对公、国际业务等都围绕着同一个会计核心来展开。这样，就为将来创新银行业务打下了一个坚实的基础，同时也最大限度地减少了因会计核算办法的改变而对业务过程带来的影响。

统一会计账是针对传统的系统各部门间、地域间条块分散，极难统一而提出的解决方案，并提出了全行一本账的最终目标。

统一会计账设置全行统一账务，统一数据标准，在统一账务结构的基础上，形成了统一会计核心。然后，在会计核心的基础上，再构造业务功能。

核心会计的主要特点有：

- 业务过程的记账只记入明细账，总账由主机在日终时统一记入。
- 不允许抹账，所有错账一律通过冲账解决。
- 冲账不允许冲单边，必须冲一套。
- 记账必须采用套账，做到一记双讫或一记多讫。
- 采用事中复核和事后监督相结合的方式。业务处理上充分考虑单人临柜，对大额业务需要事中复核，各种业务中需要复核的金额大小可以设置。
- 业务的记账过程由电脑自动完成，逐步消除临柜人员直接记账。

3. 面向业务

改变以往银行会计系统就是记账系统的方式，银行业务在系统中大部分以业务形式完成，电脑自动记账。提高工作效率，降低出错率。将日终对账由核对账务逐步改为核对业务，账务核对由系统自动完成。促使银行将重点转移到提高服务质量上来。

采用面向业务的操作方式具有以下特点：

- 每一套账都自身平衡。
- 简化办理业务的手续，降低对临柜人员会计水平的要求。
- 账务核算办法在系统中确定，不受人工控制。
- 统一全行的会计核算办法，在系统中保证业务的合规性。
- 是银行内控制度在系统中的一种表现。
- 建立在会计核心基础之上的业务操作，更便于新业务的快速开展，以及业务的创新。

典型业务处理模式如下图所示：

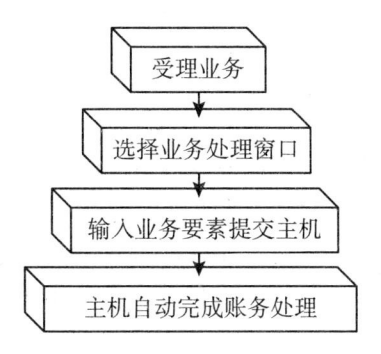

```
受理业务
   ↓
选择业务处理窗口
   ↓
输入业务要素提交主机
   ↓
主机自动完成账务处理
```

4. 数据全行大集中

- 方便管理层及时获取各类统计信息，降低综合人员的工作强度。
- 是实现通存通兑的基础。
- 方便行内资金划拨，以及资金集中清算。
- 减少系统内的未达账。
- 全行结账由主机统一完成。

5. 业务代码

目前，大多数银行业务系统往往是按行号、科目编号来产生账号的，当需要调整科目时，账号也要调整。而我们现在采用业务代码来建立账号与各级科目的对应关系，就避免了这个问题，从而也适应了会计制度的变化。

业务代码与会计科目具有相同的意义：都是总括、反映及监督经济活动和财务收支的一种方法；都是对会计要素的具体化。但是，业务代码比会计科目更适合银行本身的需要。具体区别如下：

- 业务代码是银行按照自身需要而对会计科目的进一步细化。
- 业务代码可以快速适应新业务的发展，避免会计科目滞后于业务变化而带来的不利因素。
- 业务代码面向的是更具体的业务，会计科目面向的是对一类业务的概括，因此业务代码更稳定。
- 业务代码便于进行账户分类、明细的查询统计。
- 两者之间的关系可以用下图来表示。

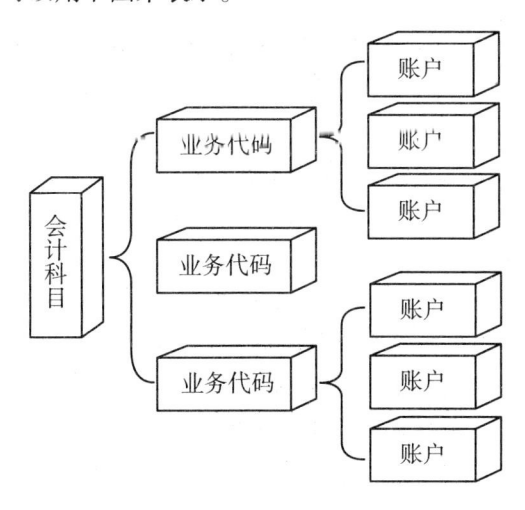

```
                   ┌── 账户
         ┌─ 业务代码 ┼── 账户
         │         └── 账户
会计科目 ─┼─ 业务代码
         │         ┌── 账户
         └─ 业务代码 ┼── 账户
                   └── 账户
```

3.2.2　系统的功能

（1）客户化系统：可以按客户号查询该客户在全行的所有存款、贷款情况。
（2）改单边记账为记套账，不存在不平账的情况。
（3）简化前台日终结账操作，只需打印轧账单即可。上总账、上账页、滚积数等大量的批量处理，改在后台晚间进行。第二天，自动生成各类报表，打印记账传票、补充传票列表。
（4）报表方面，支行可以查询打印全年任何一天的报表。
（5）新会计系统完全运行后，储蓄当天的账务自动记入会计系统，不需要会计人员次日根据储蓄机制传票补记账。
（6）对个人消费贷款业务采用台账管理，实现了自动扣款、自动记贷款及利息账、自动打印本金、利息清单、欠缴未缴明细清单等功能。
（7）贷款自动收息入账（本期及前期）、自动转逾期。
（8）新系统对账户类别进行严格管理，杜绝了任意开户、非基本户取现等违规操作。
（9）电脑自动管理重要空白凭证，支票管理到号码，支票号码与账户唯一对应。
（10）自动生成开销户登记簿、重要有价空白凭证登记簿、库存现金登记簿、特殊业务登记簿。
（11）实现了对公账户的现金及转账业务的辖内通存，实时入账。
（12）汇差资金自动清算，头寸实时查询，联动记账，不需手工操作。
（13）年终处理自动化：自动计提营业税金及附加、自动计提呆账准备金、自动计提坏账准备金、自动结转损益。
（14）增加了固定资产折旧的每季自动计提入账，递延资产、无形资产每季自动摊销。
（15）自动计提应付利息。
（16）实现收支逐级报账体系。

3.2.3　账号编排体系

系统中使用的账号的编排方式如下：账号由客户号（10位）+账号后缀（5位）组成。

1. 客户号的编码方式

客户号第1位用数字"4"~"8"表示企业账号。
客户号第2~9位为顺序号。
客户号第10位为校验位。
账号后缀第1~4位分段划分：
- 区间"0000"~"4999"为对客户负债类。
- 账号后缀第1~2位为负债类科目代码的对照码。
- 账号后缀第3~4位为科目代码属下顺序号。
- 账号后缀第5位为校验位。

- 区间"5000"~"5999"为对客户债权类（包括正常贷款、逾期贷款、呆滞贷款、呆账贷款）。
  - 账号后缀不体现科目信息。
  - 账号后缀前4位顺序编号。
  - 账号后缀第5位用以区分贷款状态：

0 为正常贷款

1 为半年内逾期贷款

2 为半年以上逾期贷款

3 为呆滞贷款

4 为呆账贷款

- 区间"6000"~"6999"为表内应收未收利息。
  - 账号后缀不直接体现科目信息。
  - 账号后缀顺序编号。
  - 账号后缀第5位为校验位。
- 区间"7000"~"7999"为表外应收未收利息。
  - 账号后缀不直接体现科目信息。
  - 账号后缀顺序编号。
  - 账号后缀第5位为校验位。
- 区间"8000"~"9999"暂未使用，留待扩充。

说明1：一个客户号，可以在不同支行、网点开立存款账户，账户属于开户网点不一定属于所开户网点。

说明2：每个客户可以在每个对公存款科目下开设100个分户。

说明3：每个客户下可以开设1000个贷款分户。

例如，A商业企业在我01支行02网点开户（交换号为8001，网点序号为3），在01支行营业部贷款100万元，逾期7个月，欠息10000元。A商业企业在银行系统内部的活期存款账号为：

4 00001688 9 02 01 7

企业客户　顺序号　校验位　存款科目代码　顺序号　校验位

其中，4000016889为A商业企业在银行系统内唯一的客户号，400001688902017为系统内活期存款账号。

当A商业企业在08支行01网点（交换号8012）又开了一个新的活期存款户，账号为400001688902025。客户号不变，存款科目代码不变，改变的是账户顺序号和账号校验位。

A商业企业在01支行的贷款账号为400001688950002

A商业企业在01支行的表外应收未收账号为400001688970019

A商业企业在08支行又贷款50万元，贷款账号为400001688950010

2. 内部账号的编码方式

内部账号中的客户号，对应一个网点在某个币种下的某种业务。

客户号第 1 位用数字"9"表示内部账号。

客户号第 2~5 位为网点号。

客户号第 6~7 位为货币代号。

客户号第 8~10 位为业务代码。

账号后缀第 1~5 位为顺序号。

说明 1：每个业务代码对应唯一的科目。采用业务代码可以防止科目号的变动，并节省账号长度。

说明 2：账号后缀的编号全行统一规定。

例如，9 020110 8490 00003 中"9"表示内部账号，0201 表示 0201 网点，第 6~7 位的 10 表示币种，第 8~10 位的 849 是应交凭证费的业务代码，最后的 5 位 00003 表示工本费的账号后缀。所以，这个内部账号反映的就是 02 支行 01 网点出售凭证工本费的收入情况。

3.2.4 柜员管理

1. 柜员编号

（1）柜员由市行统一管理。

（2）柜员号 5 位，网点柜员形式为：K##**，其中 K 表示该柜员是操作员，##（01~39）为支行号，** 为支行下柜员统一编号（00~99）。例如，K0215 表示 02 支行的第 15 位柜员。

2. 柜员密码及权限管理

- 柜员首次使用系统，必须首先修改自己的柜员密码。系统默认密码都是 888888。
- 柜员要保管好自己的密码，原则上要求每个月修改一次密码。
- 如因密码泄露或将密码交由他人使用而造成的损失或事故，由柜员自己负责。
- 柜员密码忘记，必须由中心机房进行解挂并更新密码才能再使用。
- 柜员要严格按照自己的级别权限进行操作或授权。

3.2.5 凭证管理

1. 凭证管理的特点

- 新系统对所有重要凭证都采取微机自动管理的方式，重要空白凭证的号码与对应的唯一账号联动。
- 实现逐级的凭证下发、领用控制。
- 提供对凭证库存的管理。
- 通过钱箱，实现表内外账务的联动。
- 通过业务代码，可灵活扩充对凭证种类的管理范围。

2. 凭证种类

现金支票	人行电子联行补充报单
转账支票	省内邮划借方报单
单位定期存单	省内邮划贷方报单
单位定期开户证实书	省内电划借方报单
内部往来科目报单	省内电划贷方报单
省辖特约联行银行汇票	全国异地通汇邮划借方报单
全国异地通汇特约汇款证	全国异地通汇邮划贷方报单
代签工商银行汇票	全国异地通汇电划借方报单
商业承兑汇票	全国异地通汇电划贷方报单
银行承兑汇票	

其中，由系统按号码严格管理的有：

TCKZ	转账支票	CCKZ	现金支票
CNFX	单位定期存款开户证实书	BOTD	汇票委托书
PYCK	商行往来划款凭证	TEMO	工行电汇
IPYC	工行往来划款凭证	TUCD	电子联行电划贷方报单
PYCK	内部往来科目报单	YHHP	银行承兑汇票

3. 凭证领用

系统的凭证领用，采取从市行到支行、支行到网点的二级分配体系。支行到市行领用凭证时，市行财会部必须将凭证的起始号码输入中心机房的管理机内，并进行分配操作，将凭证分配到各支行营业部。同样，支行凭证管理员要做凭证的全额领用并将凭证的起始号码有计划地分配到各网点的库钱箱中，网点凭证负责人在前台机器交易界面选择凭证领用交易把凭证领到库钱箱，柜员通过凭证出库交易领入凭证。只有经过以上的领用及出库步骤，重要空白凭证才能在前台使用。具体流程可以用下图表示：

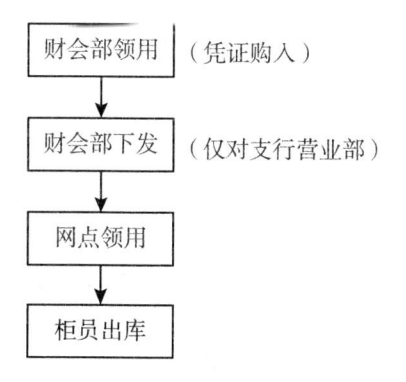

```
财会部领用  （凭证购入）
    ↓
财会部下发  （仅对支行营业部）
    ↓
网点领用
    ↓
柜员出库
```

注意事项：

（1）领用和下发过程，必须在当天完成。本过程只能在本网点的大库中处理。

（2）除了财会部的购入过程外，其他的领入数量和区间，必须和管辖行下发一致。对于尚未出售给客户的支票，包括支票的领用、下发、出售必须严格输入支票号码。

（3）支票批量作废：当中国人民银行规定某一批支票停止交换后，支行将支票统一上缴到财会部，财会部清点无误后，集中作废。系统统一将该批凭证作作废处理，包括已出售给客户尚未使用的凭证。

（4）剩余凭证在过渡时期使用的注意事项：

系统运行初期，由于对客户手中的支票无法全额登记，则对支票号码不进行控制，在记账中选其他凭证类型。对新出售的支票，必须严格在电脑中登记。出售给客户的支票在系统中有完整的登记簿。

系统运行一段时间后，启动对支票的控制系统，如果系统遇到后4位有重复的，必须输入含批号在内的全部支票号码。

3.2.6　钱箱管理

系统对网点设立库钱箱和柜员钱箱。本所钱箱本网点所有柜员都可使用，一个钱箱可以由多个柜员使用，一个柜员可以有多个钱箱。柜员第一次使用新系统时，没有柜员钱箱。具体操作是：柜员登录，进入"增加柜员钱箱"界面，输入相应内容，完成增加钱箱操作。然后，柜员退出系统，重新登录，输入用户注册名、钱箱号码、用户密码，回车后进入业务界面。以后，柜员每次登录时必须输入钱箱号码，否则只能作转账业务而不能作现金业务。

3.2.7　对公业务范围

1. 业务处理范围

对公业务处理包括三层：营业网点、管辖单位（支行）、管理单位（市行）。

2. 营业网点业务处理范围

存款业务包括：对公活期存款、对公定期存款。

活期户，包括一般存款（包括基本户、一般户、临时户、专用户、辅助户等存款）、协议存款，使用对公支票；整存整取定期存款，使用对公开户证实书；一天期通知存款，使用对公开户证实书；七天期通知存款，使用对公开户证实书。

贷款业务包括：对公贷款、个人消费信贷；企业贷款、贴现、银行承兑汇票、个人消费信贷。

结算业务包括：辖内业务、同城交换、电子联行。

3. 管辖单位（支行）业务处理范围

对下属营业网点的监督、综合账务、登记簿，对所辖营业网点进行资金清算、会计报表、统计报表。

4. 管理单位（市行）业务处理范围

凭证总库管理、损益管理、会计报表、统计报表、信息查询、全行资金清算、部门管理科目、业务代码管理、柜员及权限管理、系统参数管理。

3.2.8 日常操作流程

开机后，进入登录界面，输入柜员号、钱箱号、密码（柜员业务不涉及现金或重要有价空白凭证的收付可以不输入钱箱号），系统校验成功后进入主界面。柜员进入主界面，屏幕右端显示系统日期、柜员号、钱箱号。

系统采用菜单结构与交易码并行的方式。柜员办理业务可以从机器主界面到子界面一层层进入，了解到每一项业务的主菜单和子菜单。

日终轧账包括柜员钱箱轧账、柜员轧账、网点轧账三项内容。

（1）柜员钱箱轧账打印出"柜员钱箱轧账单"，包括当日该柜员现金、凭证的领用、上缴、入库、出库及余额数。利用钱箱轧账，可以查询现金及凭证数。该项操作每天可多次使用。

（2）柜员轧账打印出"柜员轧账单"，包括当日该柜员所做的全部业务，按照科目的借贷方发生额、笔数，分现金转账汇总。该项操作每天可多次使用。

（3）网点轧账打印出"网点轧账单"，反映网点全部业务。每天只能操作一次。

注意：柜员轧账后不可以再进行业务操作，如果尚有业务需要处理，必须进行柜员平账解除，才可以继续作业务。网点轧账后，不可以再进行本网点的业务操作。如果尚有业务需要处理，必须由市行中心机房解锁，再作柜员平账解除，才可以继续作业务。网点轧账必须在所有柜员均作完柜员轧账后才可以操作。

第三篇
对公会计业务操作

4

通用模块操作1（对公初始操作）

4.1 系统登录

建立 Word 文档　对公业务

登录网站 http：//192.168.130.234：8081/BANK/，则会显示如下界面：

交易部门：教师自己创建的部门
用户编号：教师创建的编号
钱箱号码不输
用户密码：初始密码 888888

4.2 操作员管理操作

1. 操作员密码修改

操作员密码修改步骤：通用模块→操作员管理→操作员密码修改，则会显示如下界面：

操作员代码：自动显示
旧密码：888888
新密码：自己设定
重复新密码：自己设定

2. 操作员学号修改

操作员学号修改操作步骤：通用模块→操作员管理→操作员学号修改，则会显示如下界面：

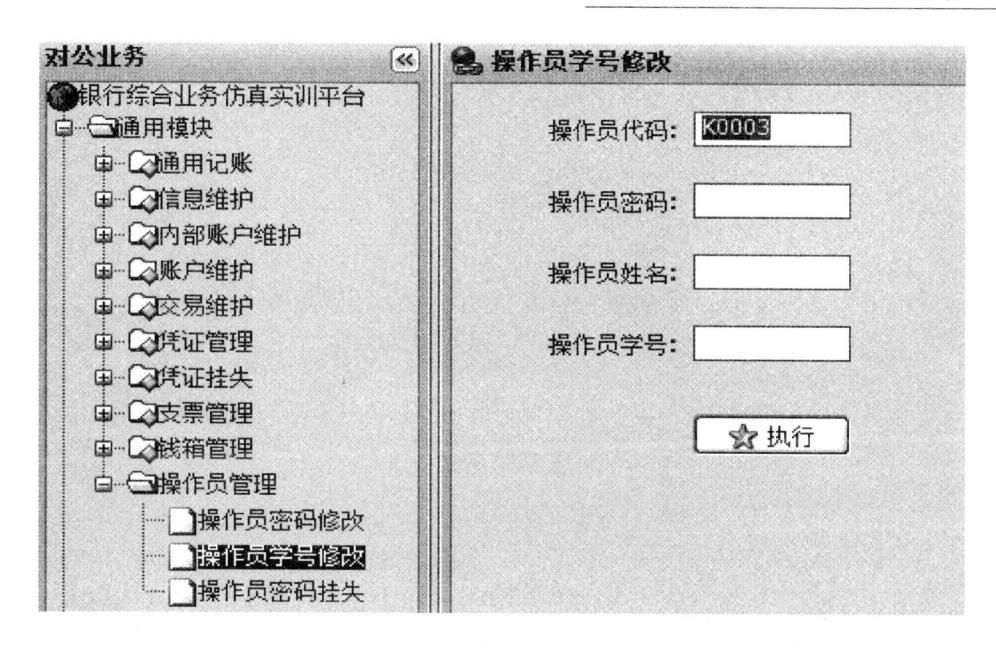

操作员代码：
密码：上一步修改的密码
姓名：自己的名字
学号：自己的学号

3. 增加钱箱

增加钱箱操作步骤：通用模块→钱箱管理→增加钱箱，操作界面如下：

钱箱编号：（首位不为0，5位数）
钱箱名称：对公钱箱＋钱箱编号
→重新登录系统，输入自己设的钱箱号
例如：交易部门：3301
　　　用户编码：k0001
　　　钱箱号码：10001
　　　用户密码：888888

4.3 凭证管理操作

1. 总行凭证领入操作

凭证领用操作步骤：（规则是总行先领入再下发，下发到支行，支行到部门领用再出库）
重新登录系统，则会显示如下界面：

交易部门：0001（总行交易部门）
用户编号：k0001 或 k＋部门编号
钱箱号码：不输
用户密码：888888
操作步骤：通用模块→凭证管理→凭证领入，则会显示如下界面：

例如：

凭证类型	现金支票	转账支票	特约汇款证	银行承兑汇票
开始号码	33010001	33010001	33010001	33010001
结束号码	33010050	33010050	33010010	33010010
凭证张数	50	50	10	10
凭证类型	单位定期存款开户证实书		全国联行邮划借方报单	全国联行邮划贷方报单
开始号码	33010001		33010001	33010001
结束号码	33010010		33010010	33010010
凭证张数	10		10	10

现金支票 50 张，8 位数

转账支票 50 张，8 位数

特约汇款证 10 张，8 位数

银行承兑汇票 10 张，8 位数

单位定期存款开户证实书 10 张，8 位数

全国联行邮划贷方报单 10 张，8 位数

全国联行邮划借方报单 10 张，8 位数

2. 总行凭证下发操作

凭证下发操作步骤：通用模块→凭证管理→凭证下发，则会显示如下界面：

凭证类型	现金支票	转账支票	特约汇款证	银行承兑汇票
下发部门	教师创建的交易部门			
开始号码	33010001	33010001	33010001	33010001
结束号码	33010050	33010050	33010010	33010010
凭证张数	50	50	10	10
凭证类型	单位定期存款开户证实书		全国联行邮划借方报单	全国联行邮划贷方报单
下发部门	教师创建的交易部门			
开始号码	33010001		33010001	33010001
结束号码	33010010		33010010	33010010
凭证张数	10		10	10

3. 支行凭证领入

支行登录系统，则会显示如下界面：

交易部门：教师创建的交易部门
用户编号：教师分配的用户编号
钱箱编号：自己设的编号
用户密码：自己设的密码
凭证领入步骤：通用模块→凭证领入，则会显示如下界面：

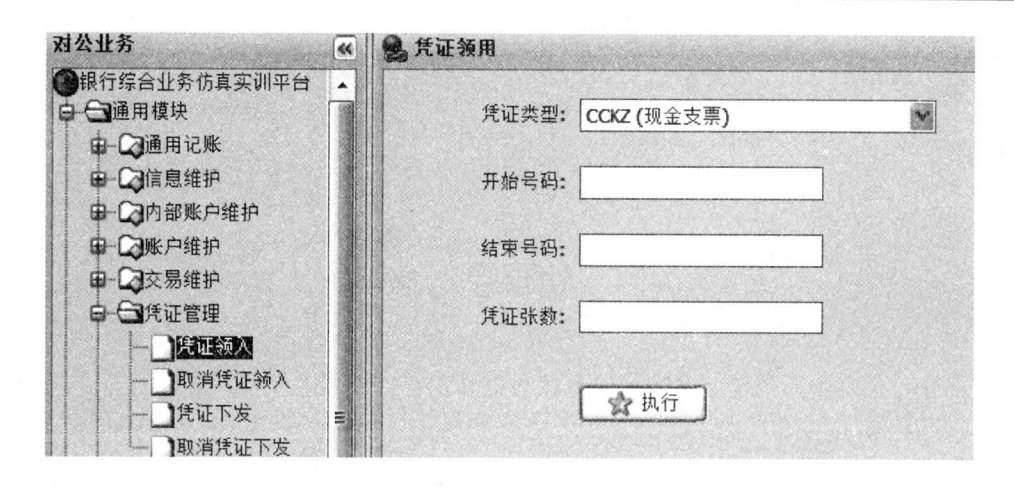

凭证类型	现金支票	转账支票	特约汇款证	银行承兑汇票
开始号码	33010001	33010001	33010001	33010001
结束号码	33010050	33010050	33010010	33010010
凭证张数	50	50	10	10
凭证类型	单位定期存款开户证实书		全国联行邮划借方报单	全国联行邮划贷方报单
开始号码	33010001		33010001	33010001
结束号码	33010010		33010010	33010010
凭证张数	10		10	10

4. 支行凭证出库

凭证出库操作步骤：（从部门钱箱将凭证转到柜员个人钱箱中）通用模块→钱柜管理→凭证出库，则会显示如下界面：

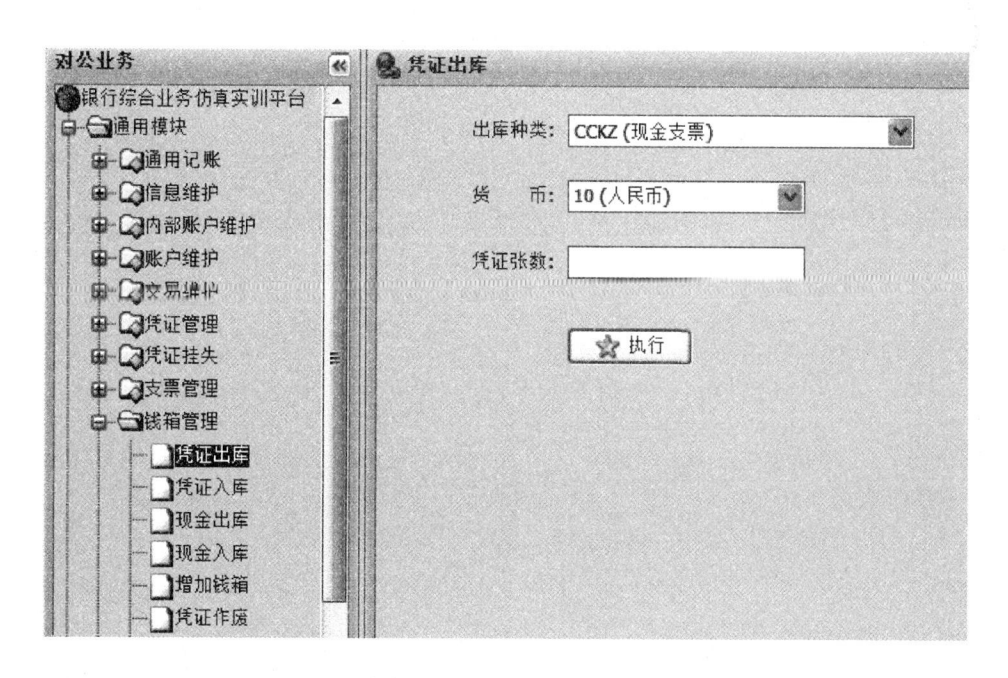

出库种类	现金支票	转账支票	特约汇款证	银行承兑汇票
出库金额	50	50	10	10
凭证类型	单位定期存款开户证实书	全国联行邮划借方报单	全国联行邮划贷方报单
出库金额	10	10	10

4.4 钱箱管理操作

这部分的主要业务是现金出库。因为没有交易量，暂时无法操作。

5 对公存贷操作

5.1 新开户业务操作

1. 新开客户号

新开客户号操作步骤：对公存贷→新开户业务→新开户客户号，则会显示如下界面：

企业性质：005
行业类别：03
客户名称：L有限公司
证件类别：G（营业执照）
证件号码：自己设定
地址：自己设定

2. 开存款账户

开存款账户操作步骤：对公存贷→新开户业务→开存款账户，则会显示如下界面：

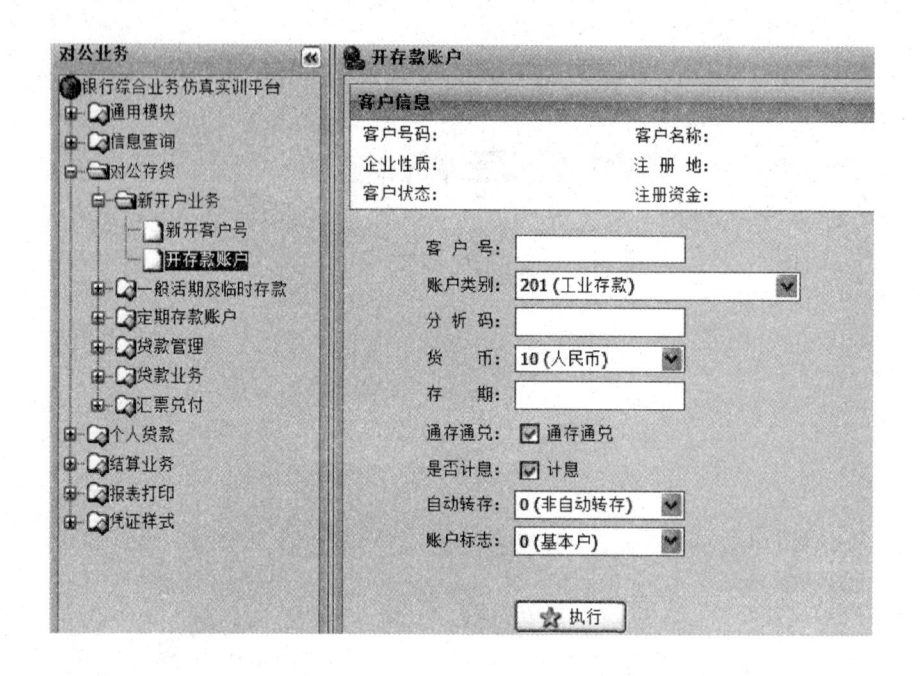

客户号：上一步生成的客户号

账户类别：201（工业存款）

分析码：任3位数（000）

存期：000（代表活期）→补充存期 B××

（"B" 1～3；"1"日；"2"月；"3"年；×× "01～99"；107 7天；206 6个月；301 一年）

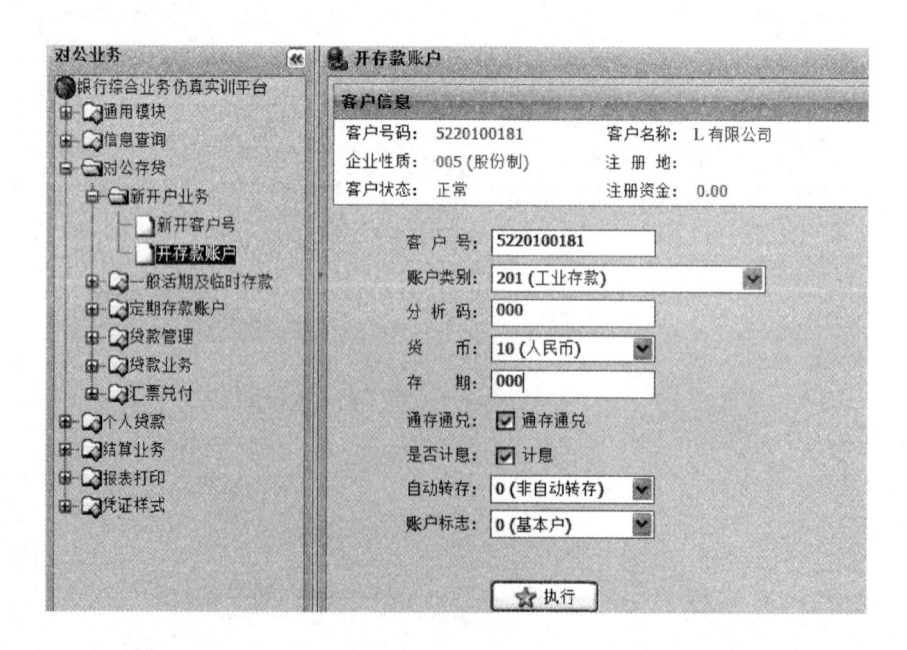

→新开户业务→开存款账户

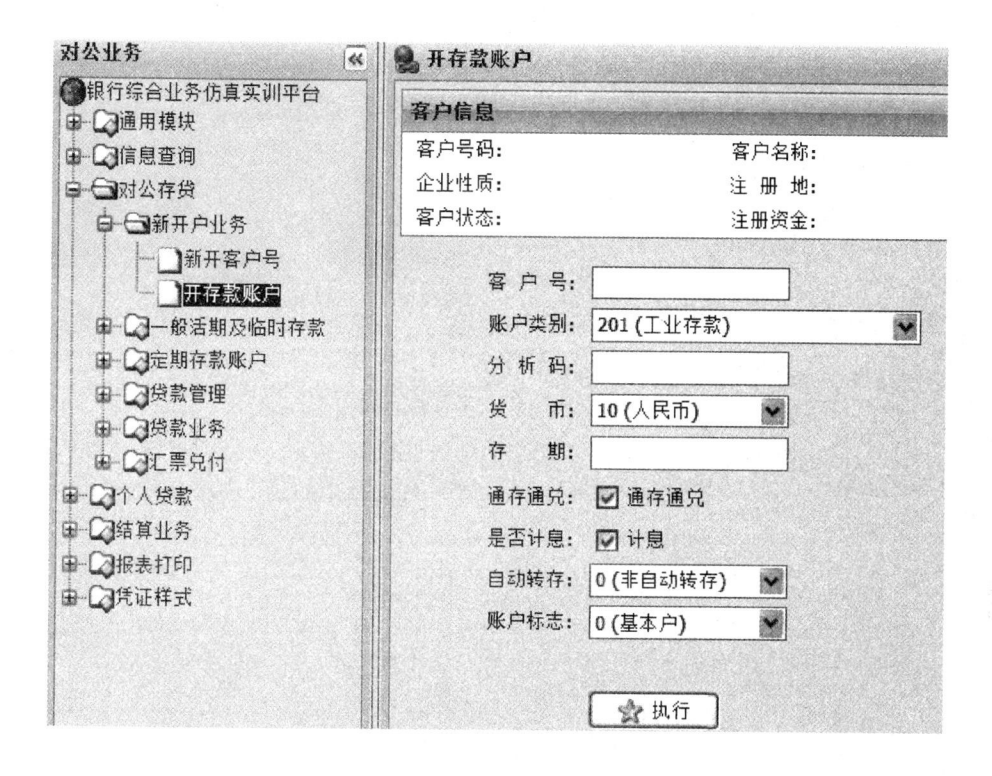

客户号：上一步生成
账户类别：221
分析码：任3位（000）
存期：301
客户标志：专用户

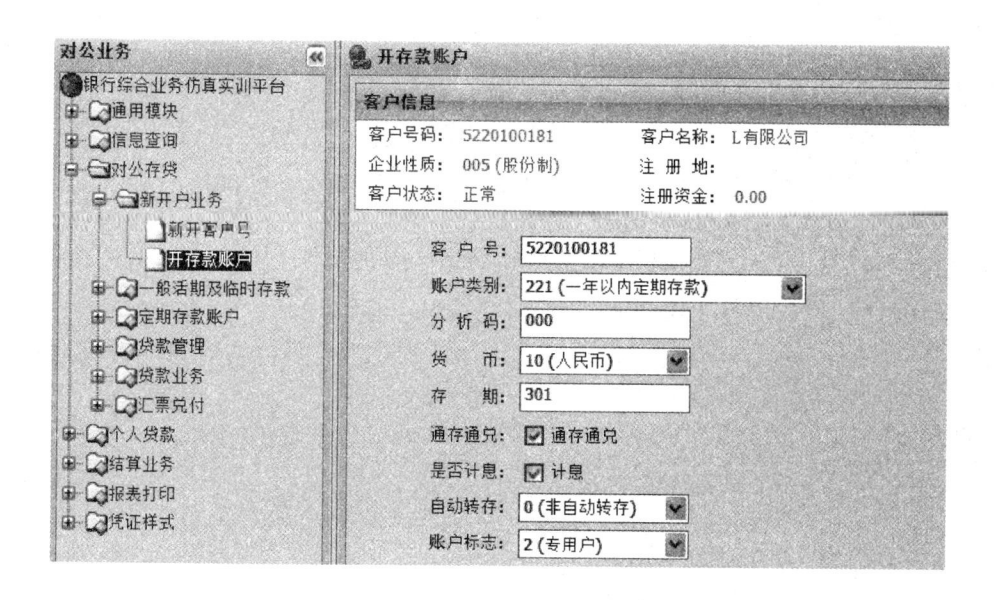

5.2 支票管理操作

支票出售

支票出售操作步骤：通用模块→支票管理→支票出售，则会显示如下界面：

账户：基本账户号
凭证类型：现金支票
开始号码：33010001
结束号码：33010025
张数：25（支票成本出售，只能是25的倍数）
操作完成结果如下：

账号：基本账户号
凭证类型：转账支票
开始号码：33010001
结束号码：33010025
张数：25
操作完成结果如下：

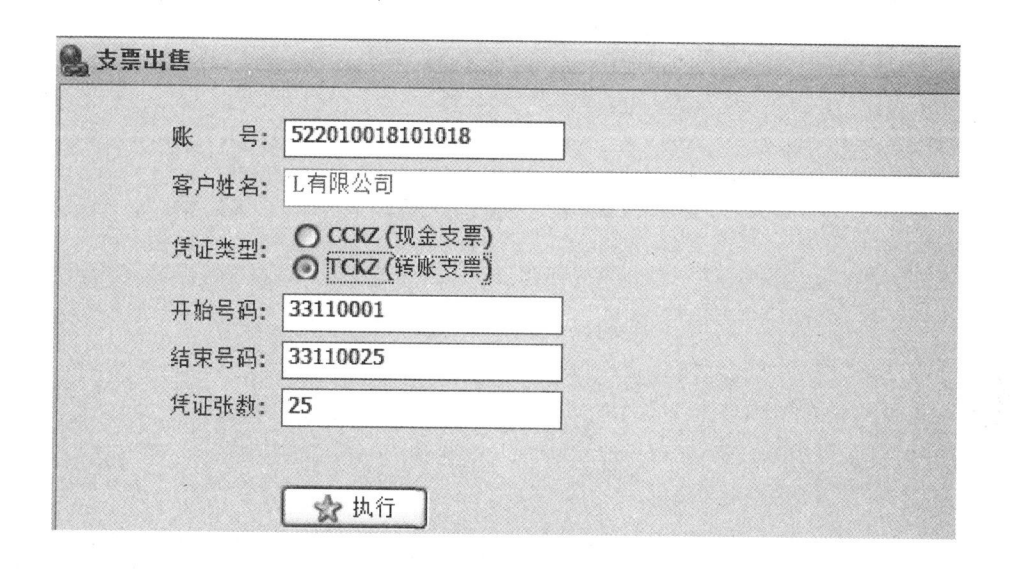

5.3 一般活期及临时存款操作

1. 现金存款

现金存款操作步骤：对公存款→新开户业务→一般活期或临时存款→现金存款，则会显示如下界面：

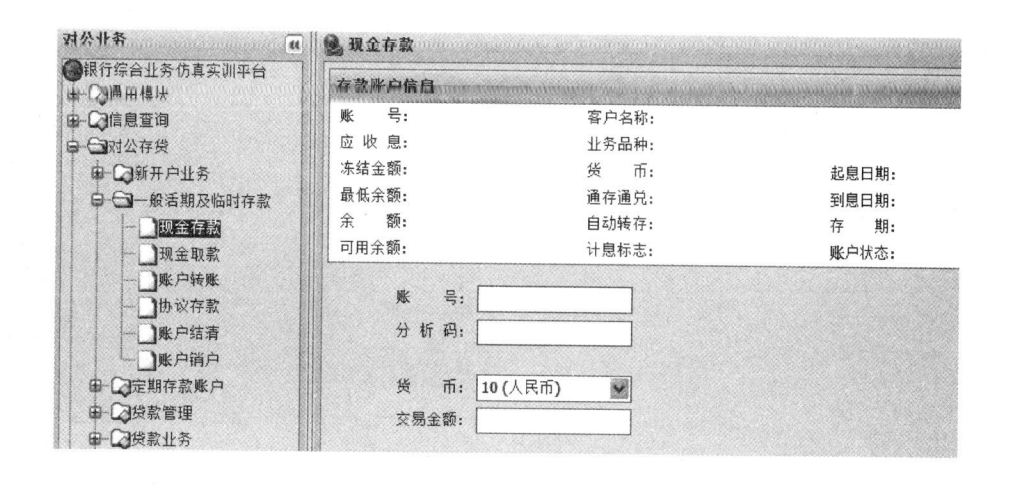

账号：基本账户

分析码：000（任3位）

交易金额：200000元

完成结果如下：

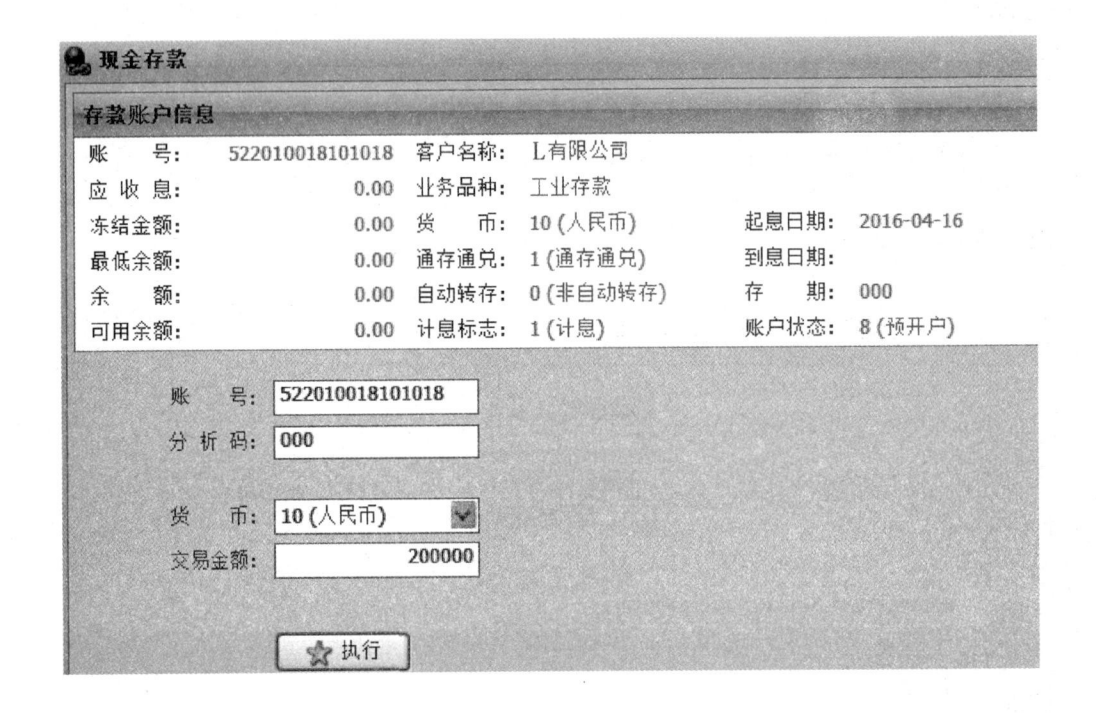

2. 现金取款

现金取款（5000）操作步骤：对公存贷→新开户业务→一般活期及临时存款→现金取款，则会显示如下界面：

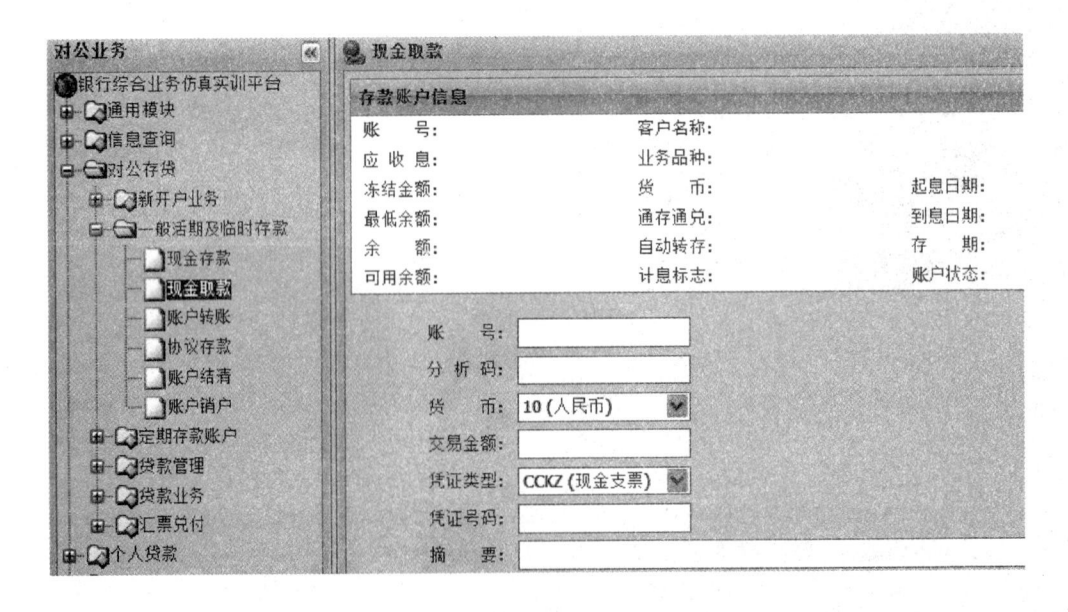

账号：基本账户

分析码：000（任意3位）

交易金额：5000

凭证号码：现金支票凭证号码之一

操作结果如下：

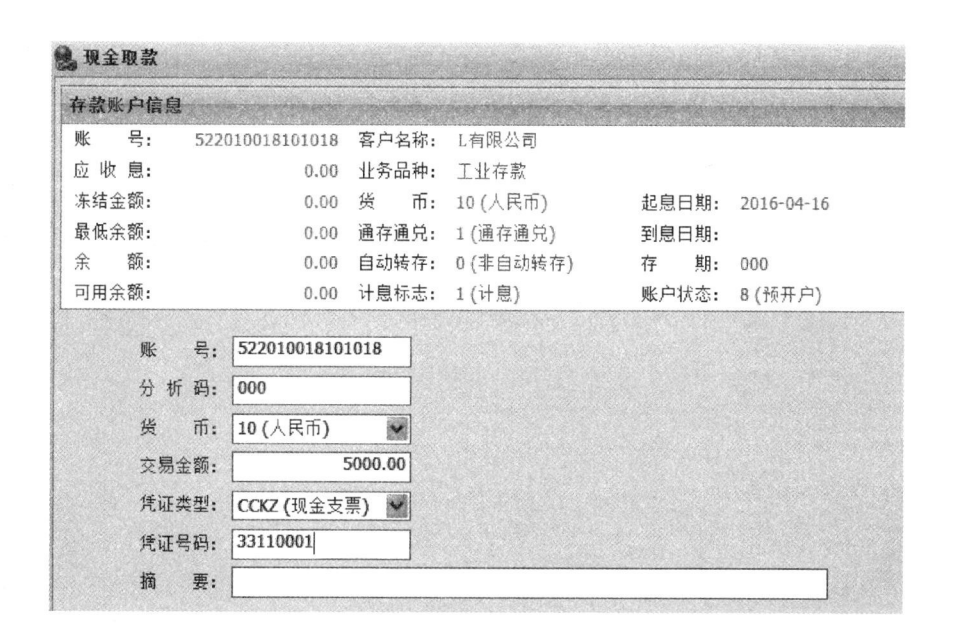

3. 账户转账

账户转账操作步骤：

新开一个对公基本账户（另一个公司）。

对公存贷→新开户业务→新开客户号，则会显示如下界面：

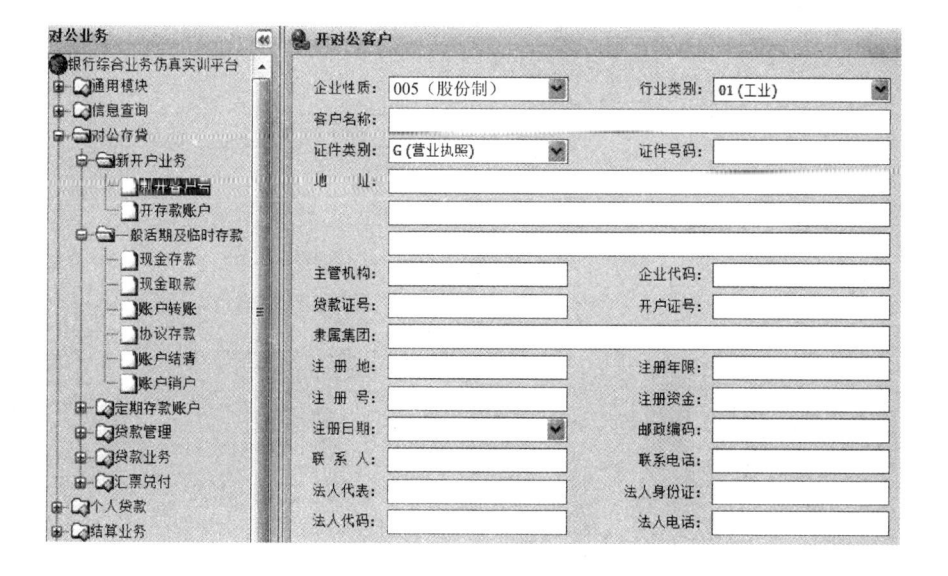

企业性质：005
行业类别：03
客户名称：I 科技公司
证件类别：G（营业执照）
证件号码：777
地址：深圳市
→开存款账户，则会显示如下界面：

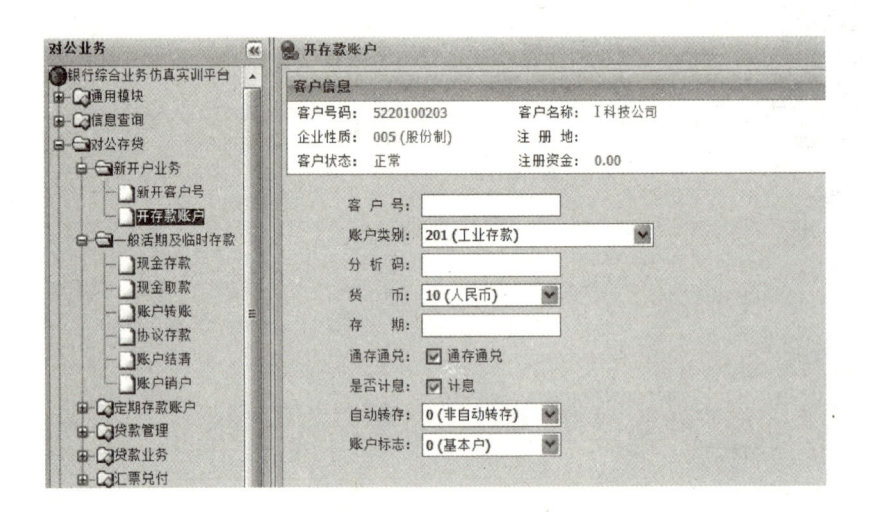

客户号：上一步生成客户号
客户类别：201
分析码：任 3 位数
存期：000
账户标志：（0）基本户
操作结果如下：

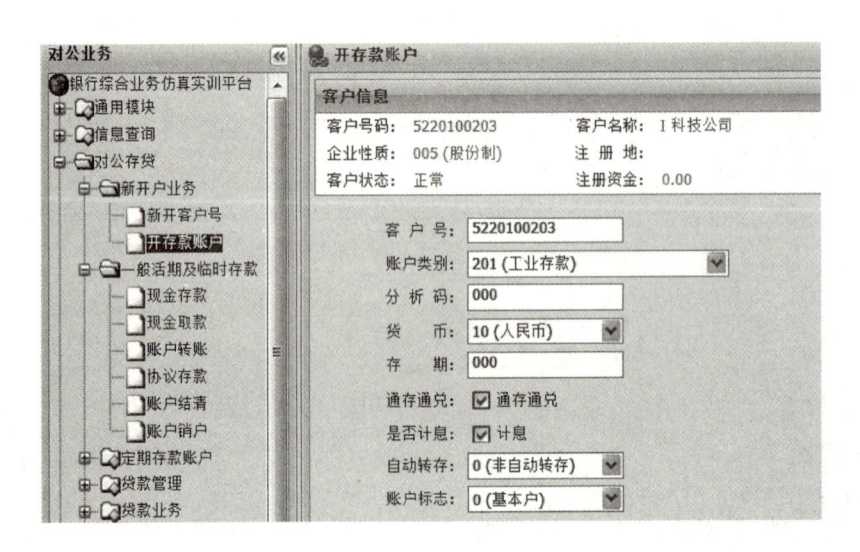

→现金存款

账号：I科技公司

分析码：任设3位数

金额：500

→账户转账

转出账户：基本账户（L）

转入账号：刚形成账户（I）

金额：800元

凭证号码：（转账支票中任一张）

操作结果如下：

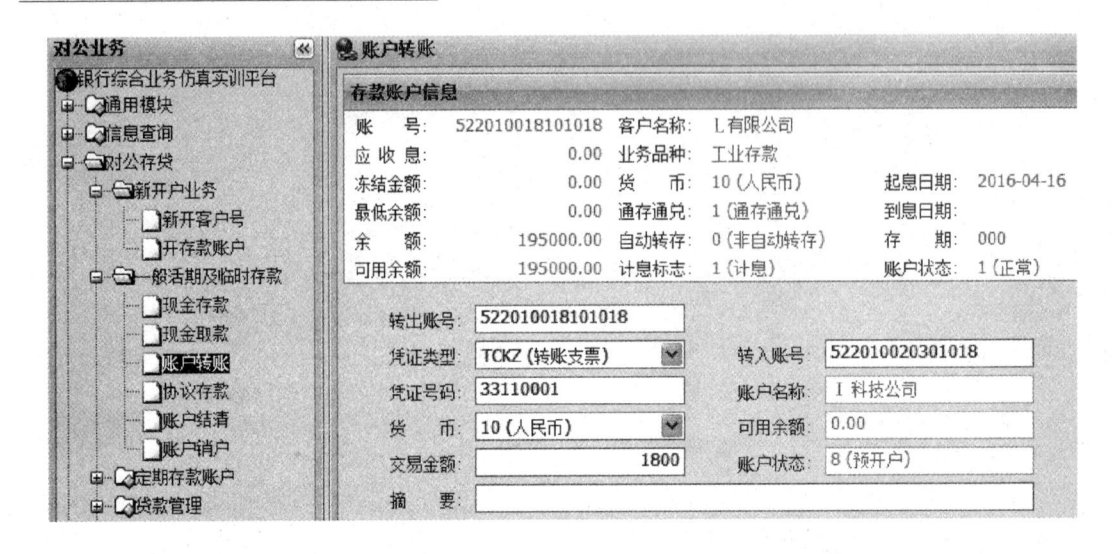

5.4 定期存款账户操作

1. 新开户金转账存款

新开户金转账存款（50000元）

（1）对新开客户号操作步骤：对公存贷→新开户业务→新开客户号，则会显示如下界面：

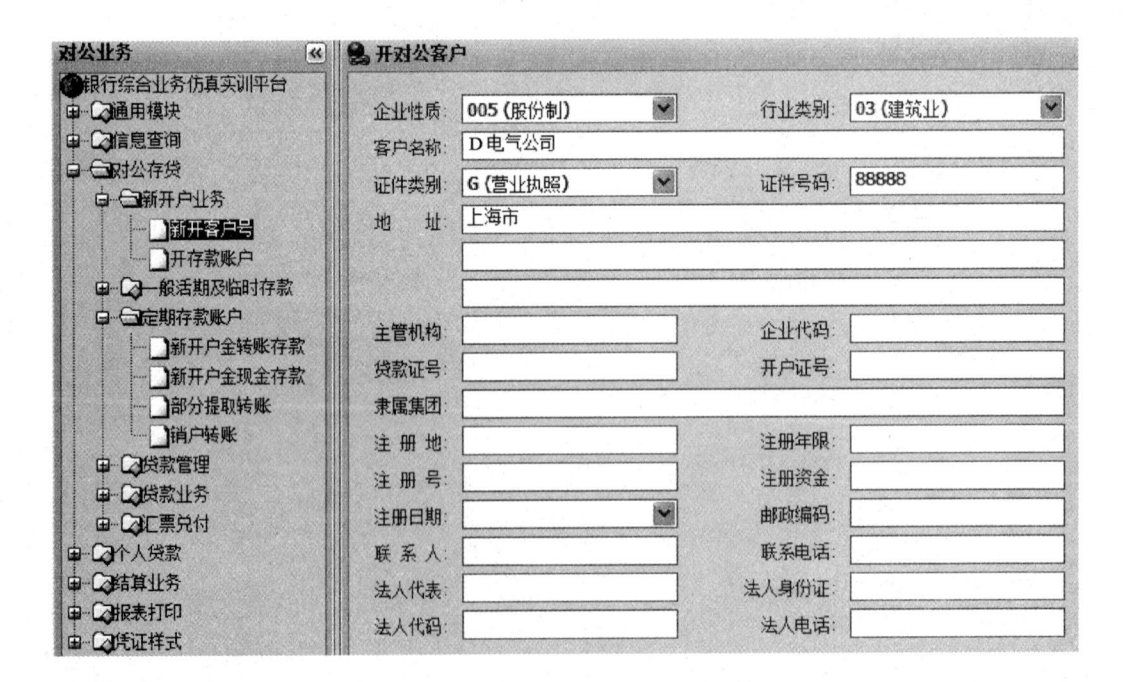

企业性质：05
行业类别：03
客户名称：自己设定
证件号码：自己设定

（2）→开存款账户：

账户类别：221 一年以内定期存款

存期：301

账户标志：2　专用户

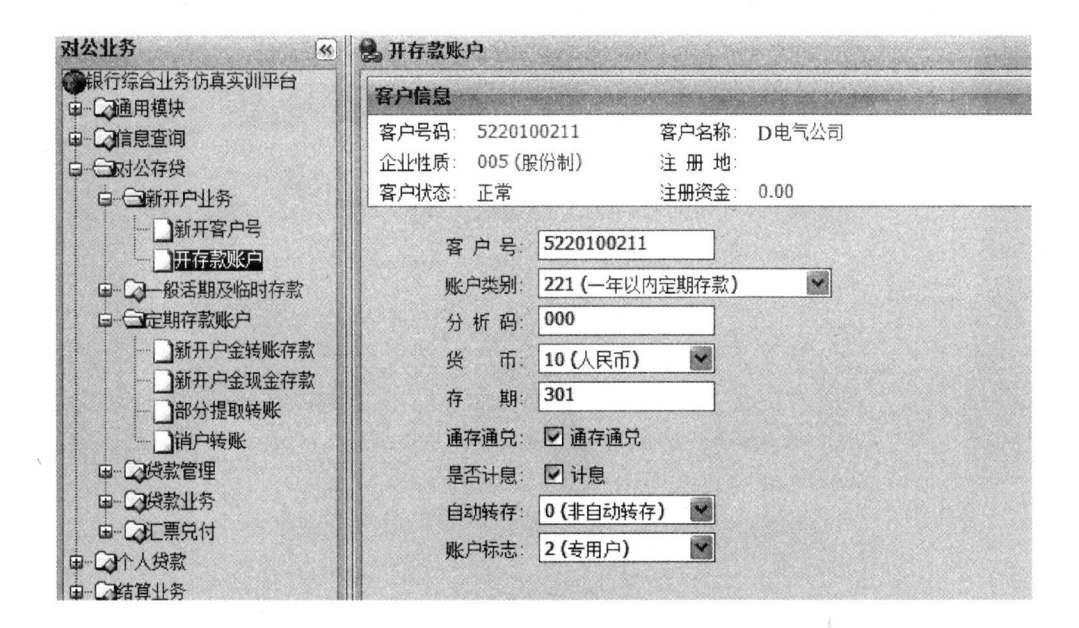

（3）对公存贷→定期存款账户→新开户金转账存款，则会显示如下界面：

转出账号：L公司（基本账户）
转入账号：A电气公司（定期账户）
凭证类型：转账支票
凭证号码：转账支票中任选一张，与之前不能重复
金额：50000元
证实书号：之前开的时候任一张
操作结果如下：

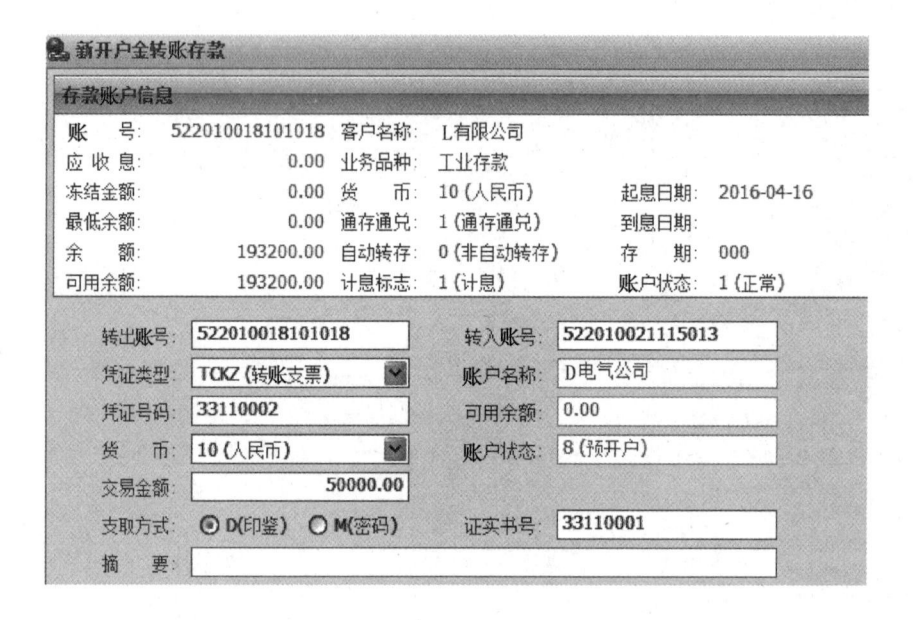

2. 新开户金现金存款

新开户金现金存款操作步骤：

新开户业务→新开户客户号，则会显示如下界面：

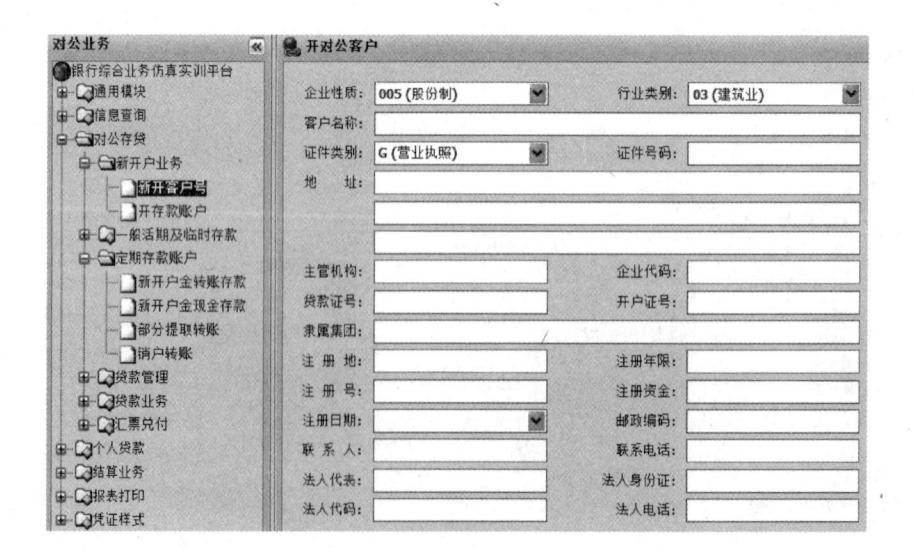

企业性质：005
证件类别：G
行业类别：03
证件号码：自己设定
客户名称：自己设定
地址：自己设定
→开存款账户

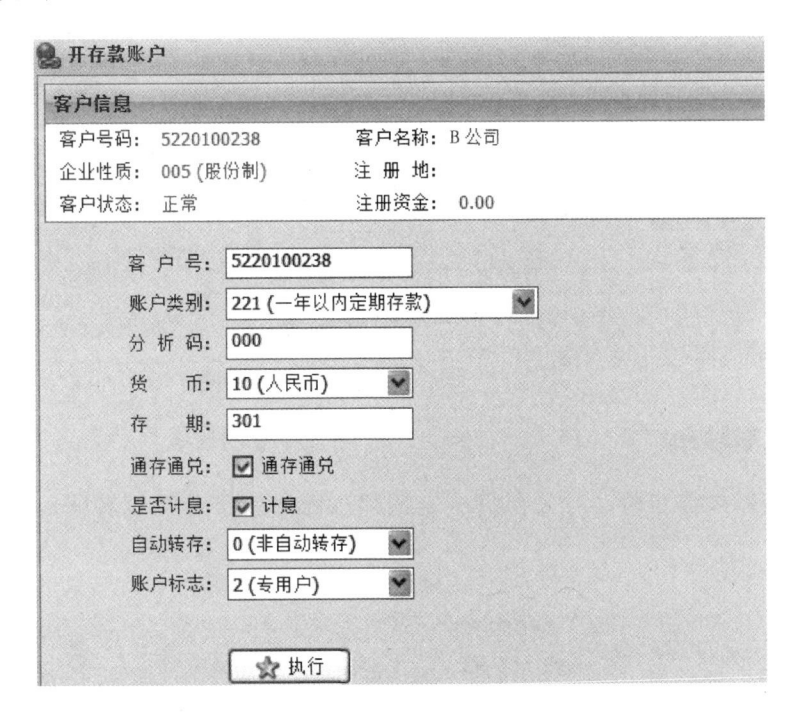

客户号：上一步生成客户号
账户类别：221（定）
存期：301
账户标志：专用户
→定期存款账户→新开户现金存款，则会显示如下界面：

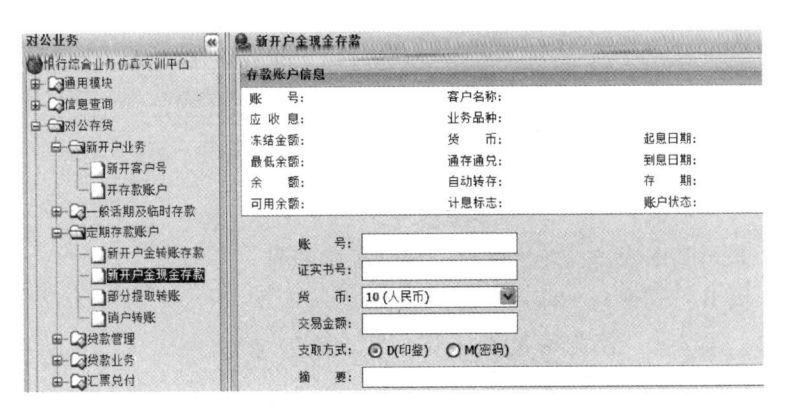

账号：新开的账号

证实书号：之前领的单位证实书号凭证之一

交易金额：100000 元

操作结果如下：

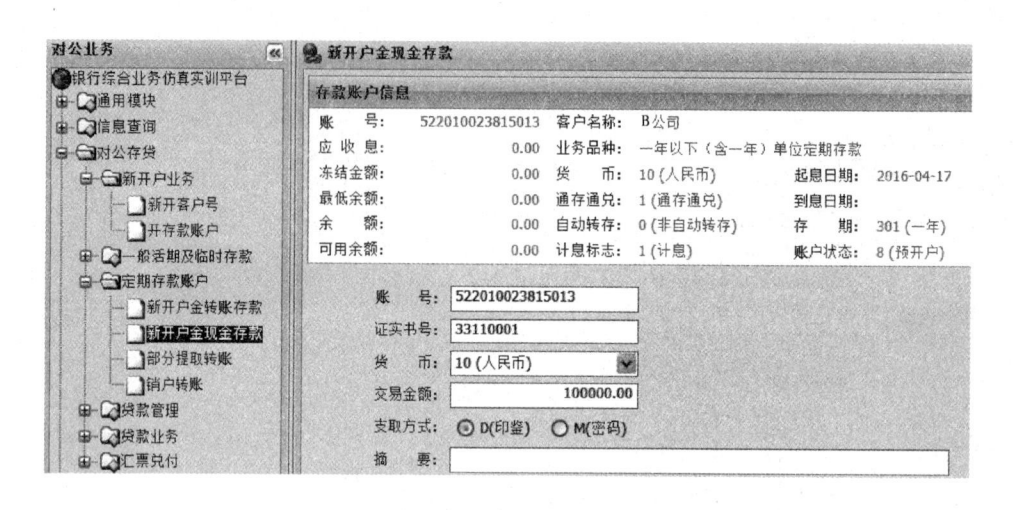

3. 部分提取转账

部分提取转账操作步骤：对公存贷→定期存款账户→部分提现转账，则会显示如下界面：

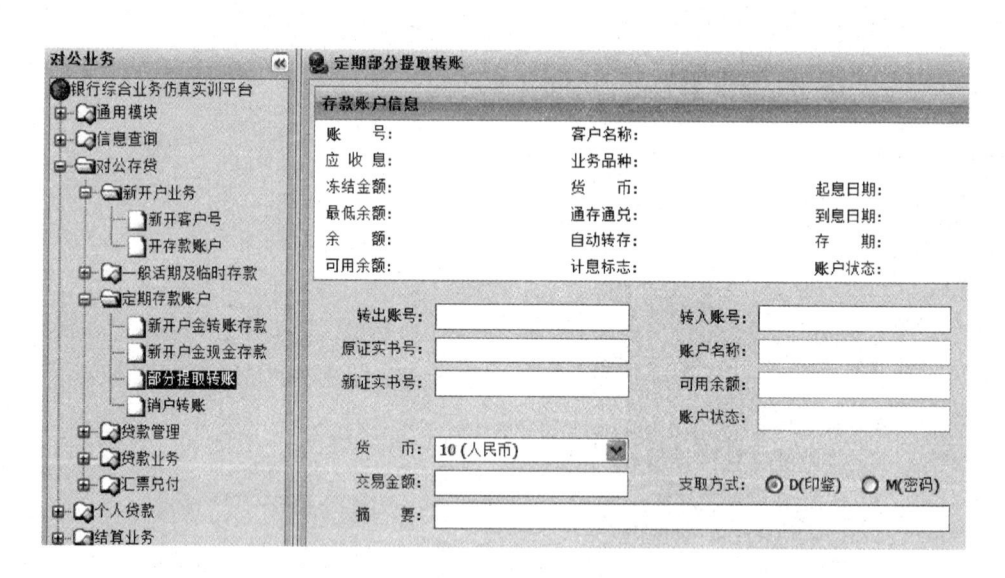

转入账户：公司基本账户　转出账户：定期存款账号

转出账号：以 B 公司账号为例

原证实书号：第 2 张　换为第 3 张

转入账号：L 公司基本账号

金额：8000 元

操作结果如下：

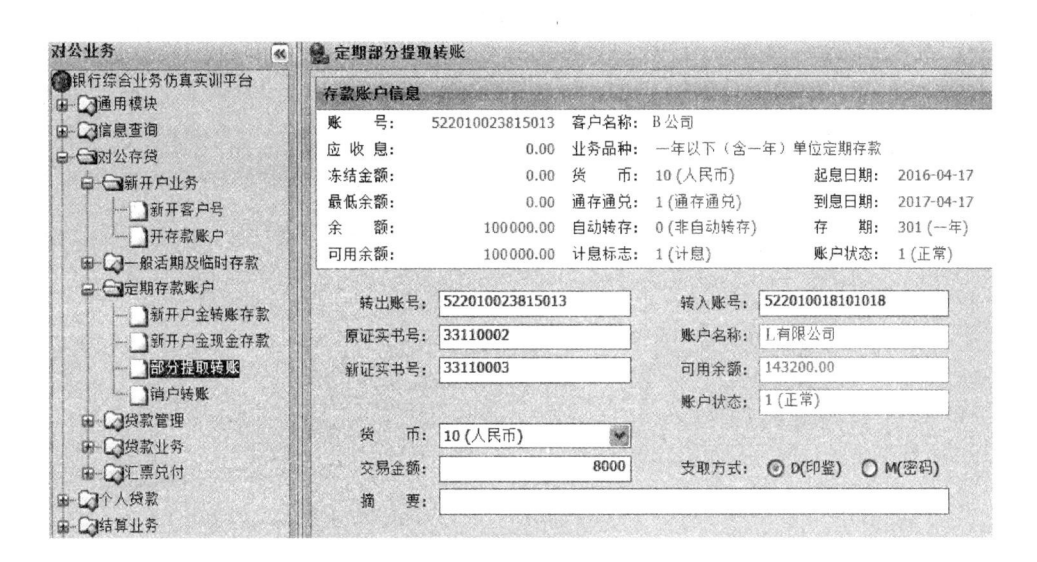

4. 销户转账

销户转账（定期余额转入基本账户）操作步骤：对公存贷→一般活期及临时存款→销户转账，则会显示如下界面：

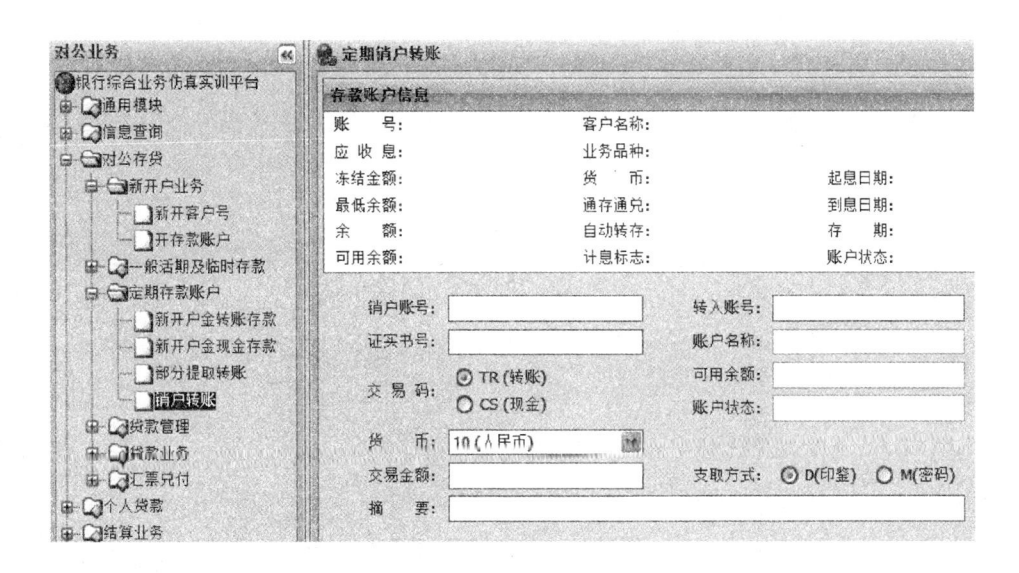

销户账号：H 定期账号

证实书号：上一步证实书号

转入账号：L 公司基本账户

金额：看余额

操作结果如下：

[定期销户转账界面截图]

存款账户信息：
- 账号：522010023815013
- 客户名称：B公司
- 应收息：0.00
- 业务品种：一年以下（含一年）单位定期存款
- 冻结金额：0.00
- 货币：10（人民币）
- 起息日期：2016-04-17
- 最低余额：0.00
- 通存通兑：1（通存通兑）
- 到息日期：2017-04-17
- 余额：92000.00
- 自动转存：0（非自动转存）
- 存期：301（一年）
- 可用余额：92000.00
- 计息标志：1（计息）
- 账户状态：1（正常）

- 销户账号：522010023815013
- 转入账号：522010018101018
- 证实书号：33110003
- 账户名称：L有限公司
- 交易码：● TR（转账） ○ CS（现金）
- 可用余额：151200.00
- 账户状态：1（正常）
- 货币：10（人民币）
- 交易金额：92000
- 支取方式：● D（印鉴） ○ M（密码）
- 摘要：

5.5 贷款管理操作

贷款借据管理

贷款借据录入操作步骤：对公存贷→贷款管理→贷款借据管理→新增，则会显示如下界面：

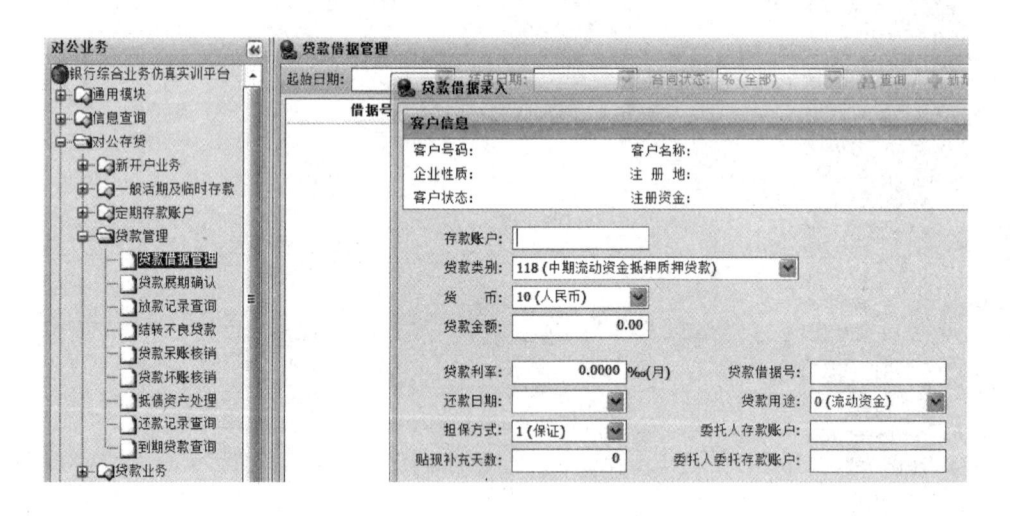

[贷款借据管理界面截图]

存款账户：L基本账户
担保方式：抵押
贷款类别：118
金额：500000 元
利率：0.8%

借据号：任 15 位

还款日期：自己设定

操作结果如下：

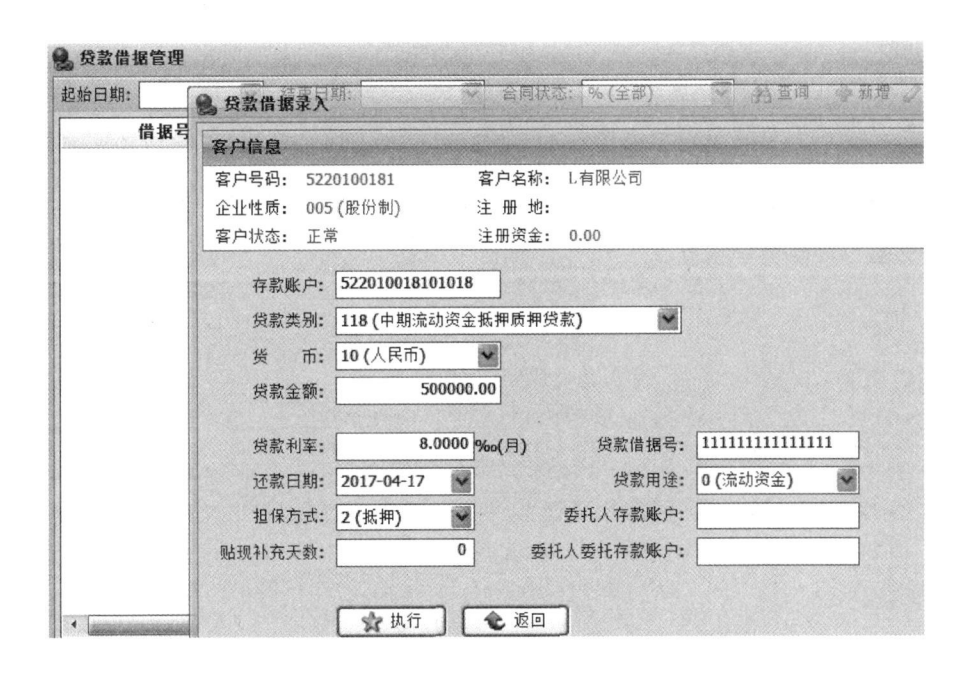

5.6 贷款业务操作

1. 贷款发放

贷款发放操作步骤：对公存贷→贷款业务→贷款发放，则会显示如下界面：

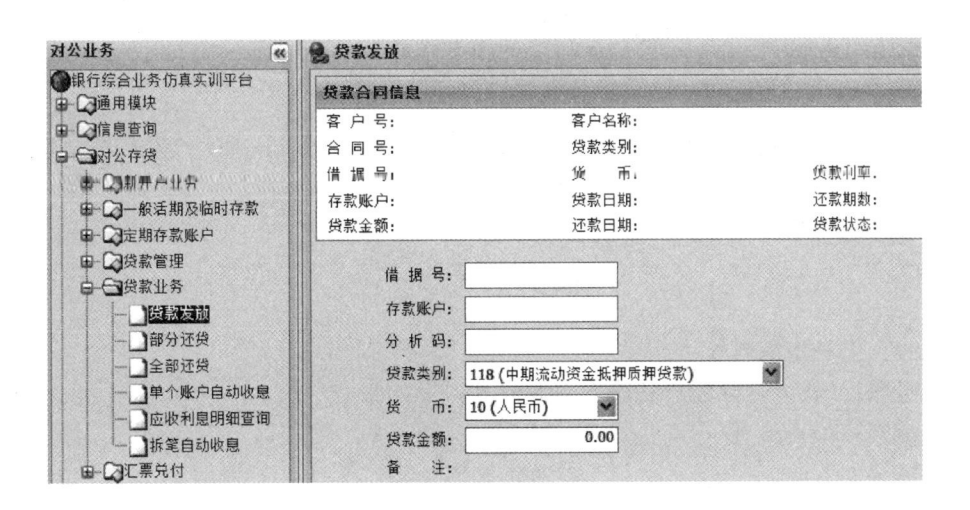

借据号：上一步借据号
存款账号：L 基本账户
分析码：000
操作结果如下：

2. 部分还贷

部分还贷操作步骤：对公存贷→贷款业务→部分还贷，则会显示如下界面：

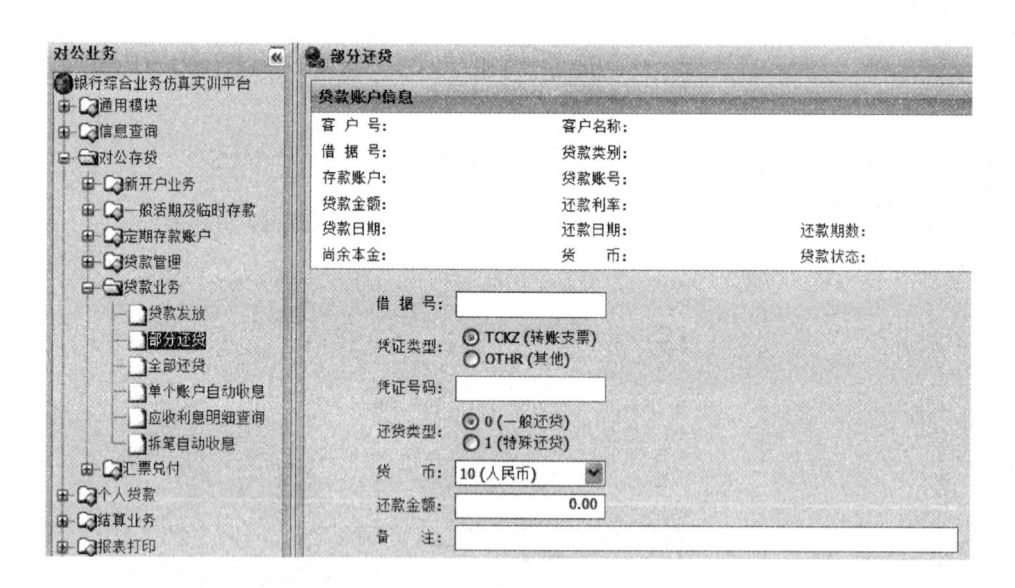

借据号：上一步借据号
凭证号码：（输入存款账户转账支票凭证号）第四张
还款金额：200000 元
操作结果如下：

3. 贷款展期确认

贷款展期确认（延长3个月）操作步骤：对公存贷→贷款管理→贷款展期确认，则会显示如下界面：

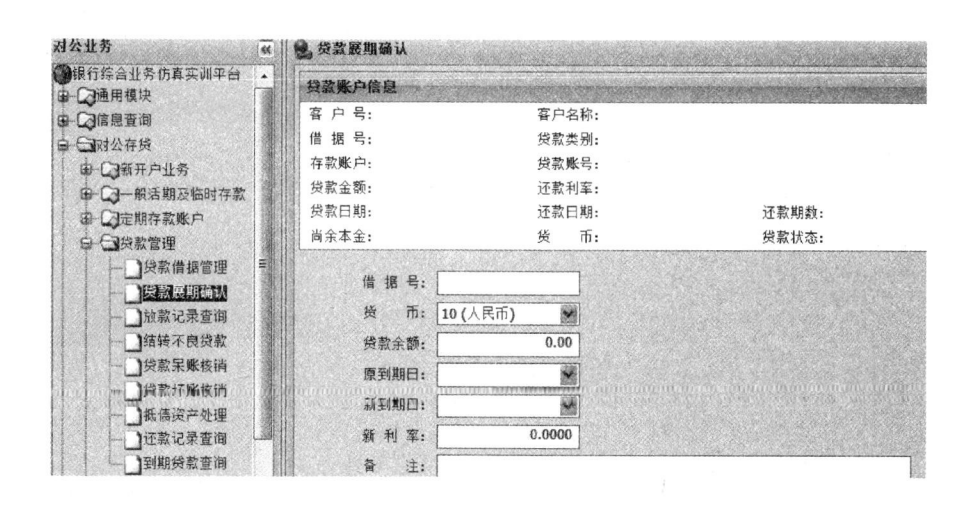

借据号：同上
贷款余额
原到期日：
新到期日：（加3个月）
新利率：5.1

备注：贷款展期3个月

操作结果如下：

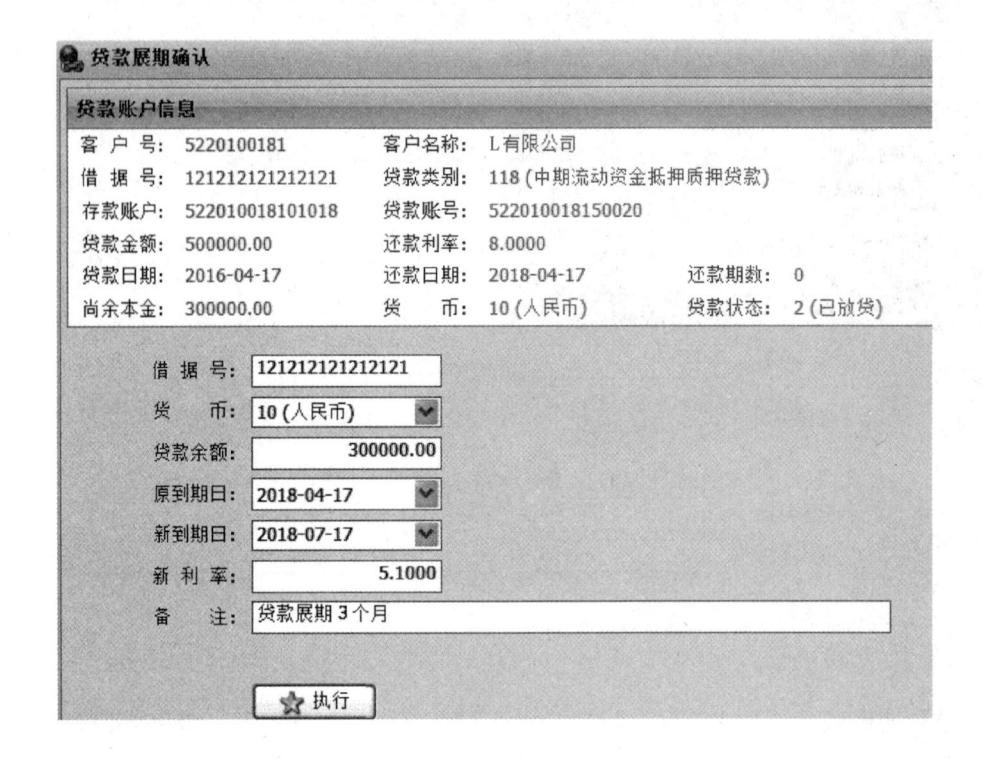

贷款展期确认

贷款账户信息
- 客户号：5220100181
- 客户名称：L有限公司
- 借据号：121212121212121
- 贷款类别：118（中期流动资金抵押质押贷款）
- 存款账户：522010018101018
- 贷款账号：522010018150020
- 贷款金额：500000.00
- 还款利率：8.0000
- 贷款日期：2016-04-17
- 还款日期：2018-04-17
- 还款期数：0
- 尚余本金：300000.00
- 货币：10（人民币）
- 贷款状态：2（已放贷）

- 借据号：121212121212121
- 货币：10（人民币）
- 贷款余额：300000.00
- 原到期日：2018-04-17
- 新到期日：2018-07-17
- 新利率：5.1000
- 备注：贷款展期3个月

执行

4. 全部还贷

全部还贷操作步骤：对公存贷→贷款业务→全部还贷，则会显示如下界面：

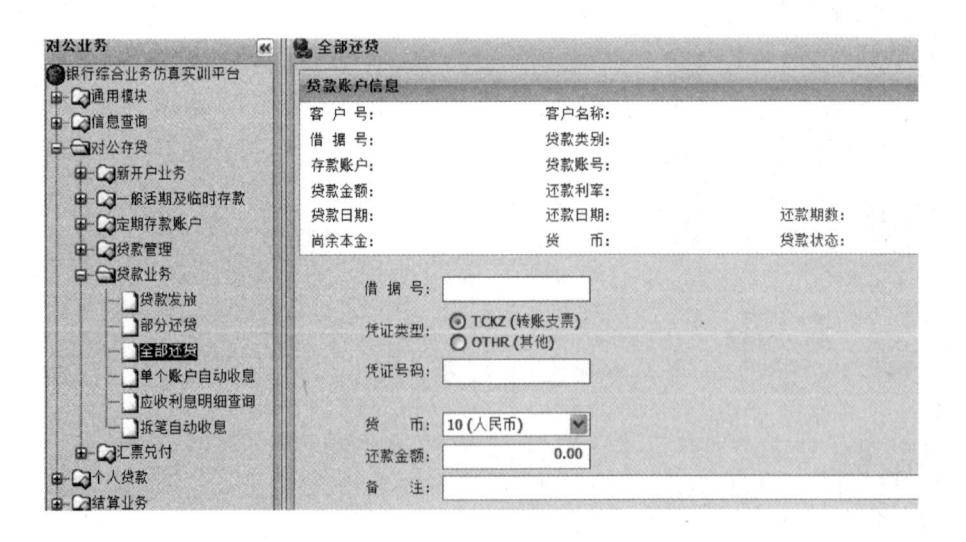

借据号：同上

凭证号码：第5张

还款金额：余额
备注：全部还贷
操作结果如下：

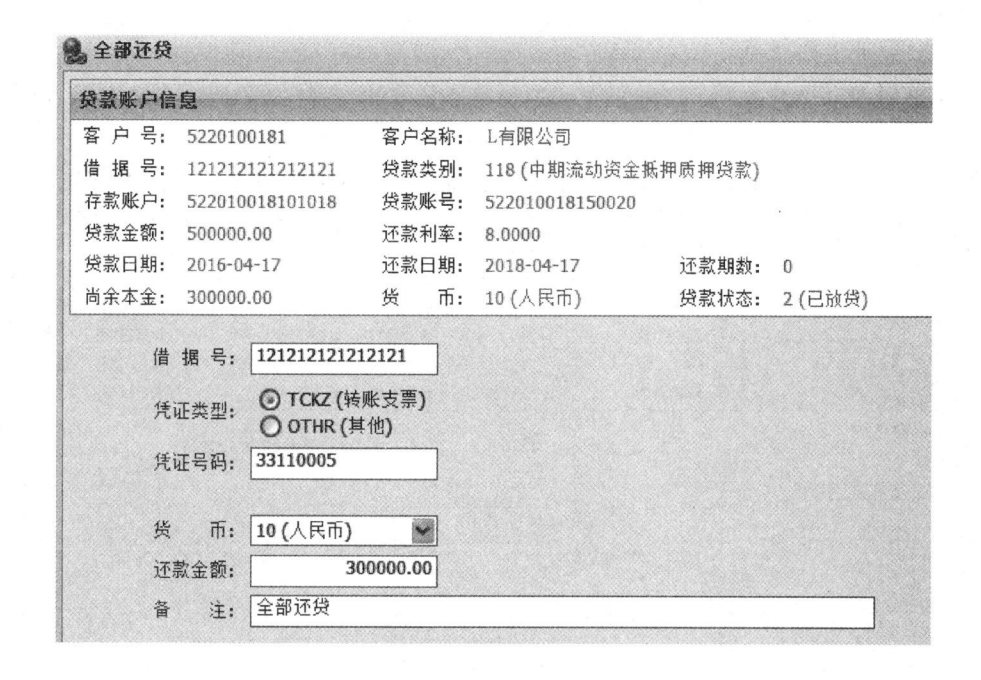

5.7 汇票兑付

1. 商业汇票承兑

商业汇票承兑操作步骤：对公存贷→汇票兑付→商业汇票承兑，则会显示如下界面：

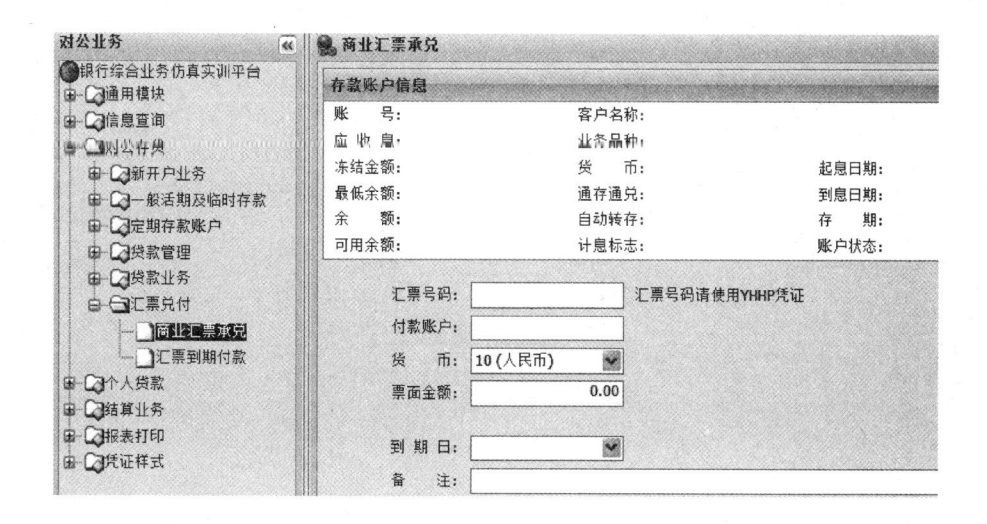

汇票号码：银行承兑汇票凭证（第 1 张凭证）
付款账号：L 基本账户
票面金额：5000 元
到期日：
备注：商业汇票承兑
操作结果如下：

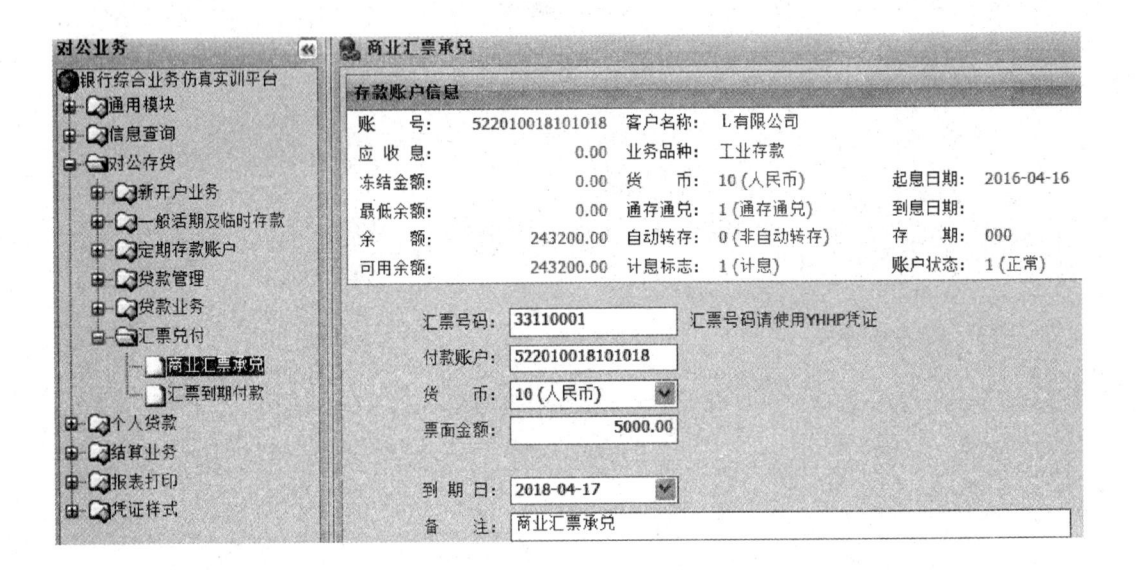

2. 汇票到期付款

汇票到期付款操作步骤：对公存贷→汇票兑付→汇票到期付款，则会显示如下界面：

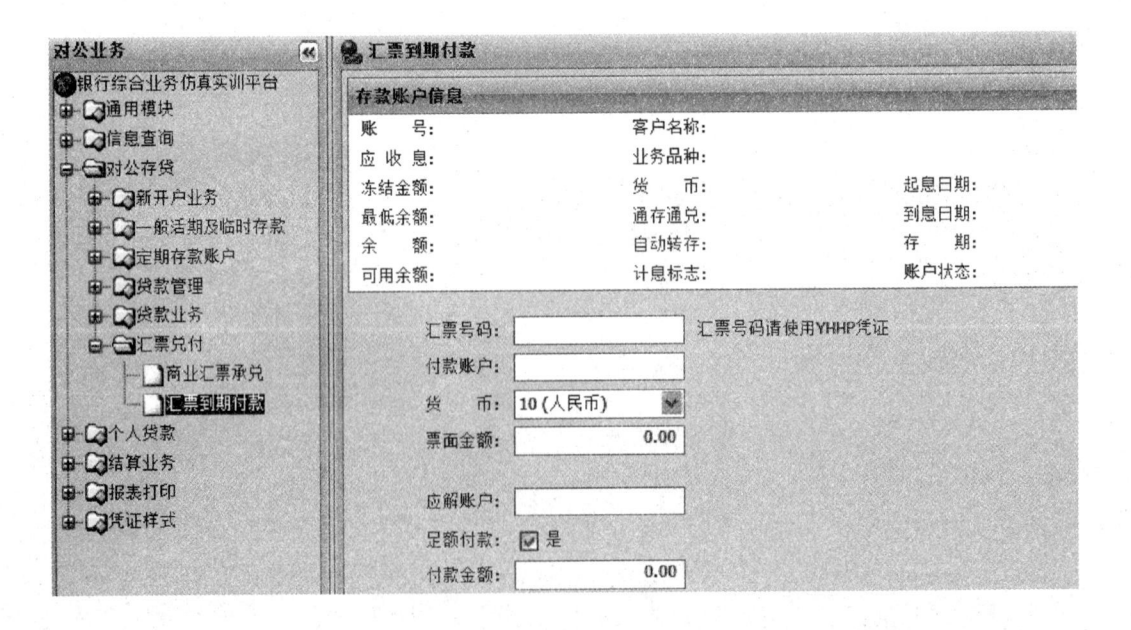

汇票号码：同上　银行承兑汇票
付款账号：承兑汇票申请人的存款账户
票面金额：5000元
应解账户：应解汇款的账户
足额付款：是
付款额：0元
操作结果如下：

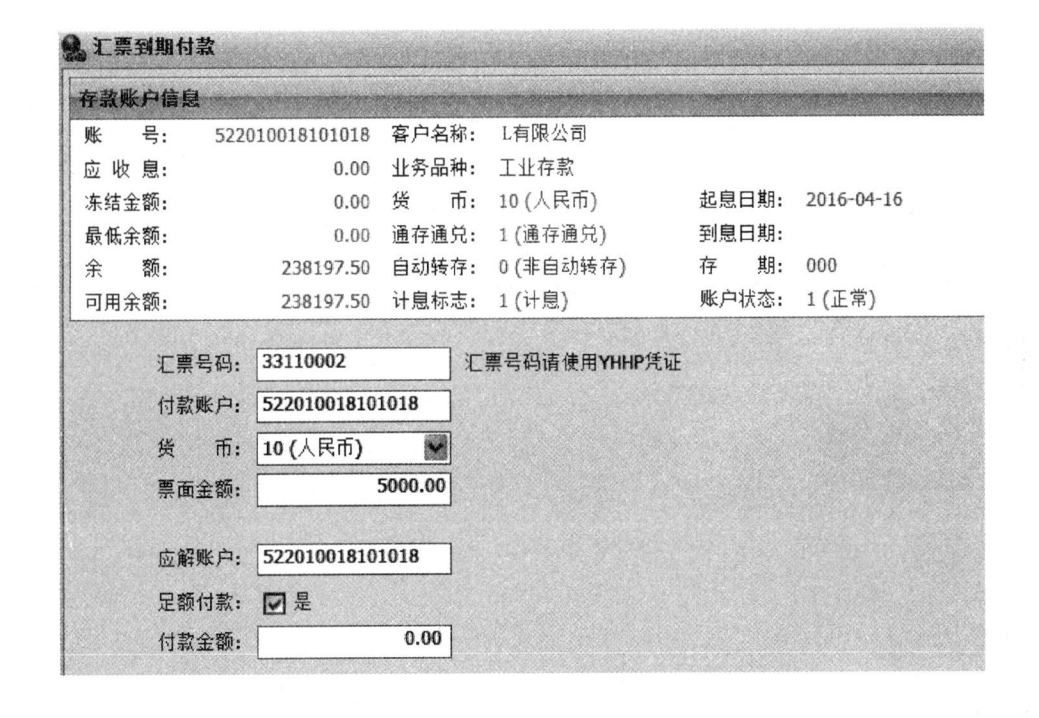

汇票到期付款					
存款账户信息					
账　　号：	522010018101018	客户名称：	L有限公司		
应 收 息：	0.00	业务品种：	工业存款		
冻结金额：	0.00	货　　币：	10(人民币)	起息日期：	2016-04-16
最低余额：	0.00	通存通兑：	1(通存通兑)	到息日期：	
余　　额：	238197.50	自动转存：	0(非自动转存)	存　　期：	000
可用余额：	238197.50	计息标志：	1(计息)	账户状态：	1(正常)

汇票号码：33110002　　汇票号码请使用YHHP凭证
付款账户：522010018101018
货　　币：10(人民币)
票面金额：　　　　5000.00
应解账户：522010018101018
足额付款：☑ 是
付款金额：　　　　　0.00

6

个人贷款操作（个人贷款业务）

6.1 消费贷款管理操作

新增消费贷款合同

题目要求：借据号 15 位

存款账号：个人活期存款账号

贷款类别：中长期住房按揭贷款

贷款金额：8000

利率：6.79%

还款日期：1 年以上

贷款用途：楼房

担保方式：抵押

存款账户：个人活期存款账户

先为李先生开一个个人账户

登录系统，则会显示如下界面：

例如：交易部门：2201
用户编号：要以 s 开头
交易密码：888888
→凭证领用：
凭证类型：普通存折
开始号码：自己设定
结束号码：自己设定（8 位数，10 张）

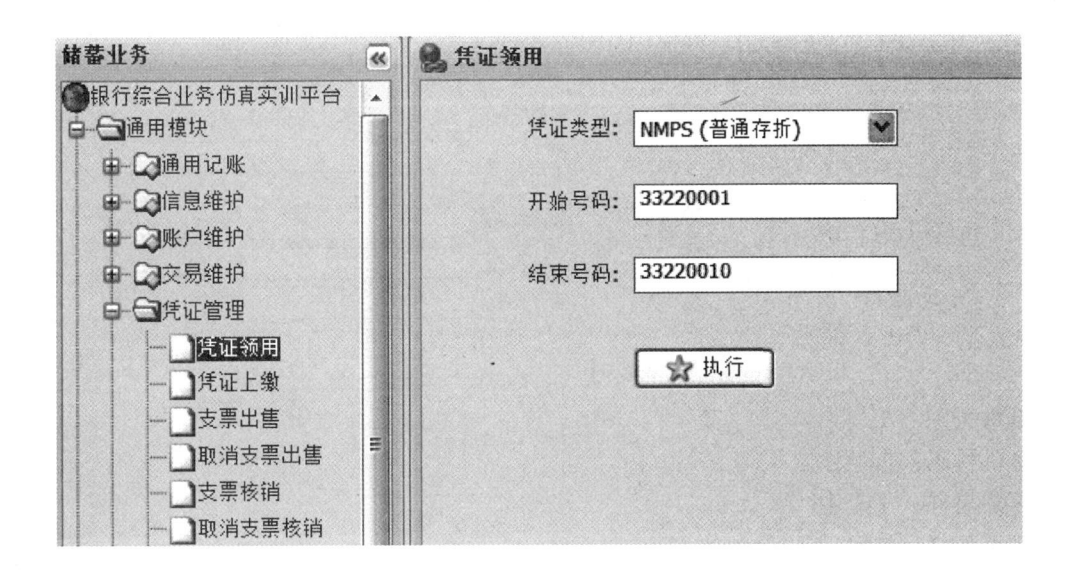

→钱箱管理→重要空白凭证出库
凭证类型：nmps
出库金额：10 元
操作完成界面如下：

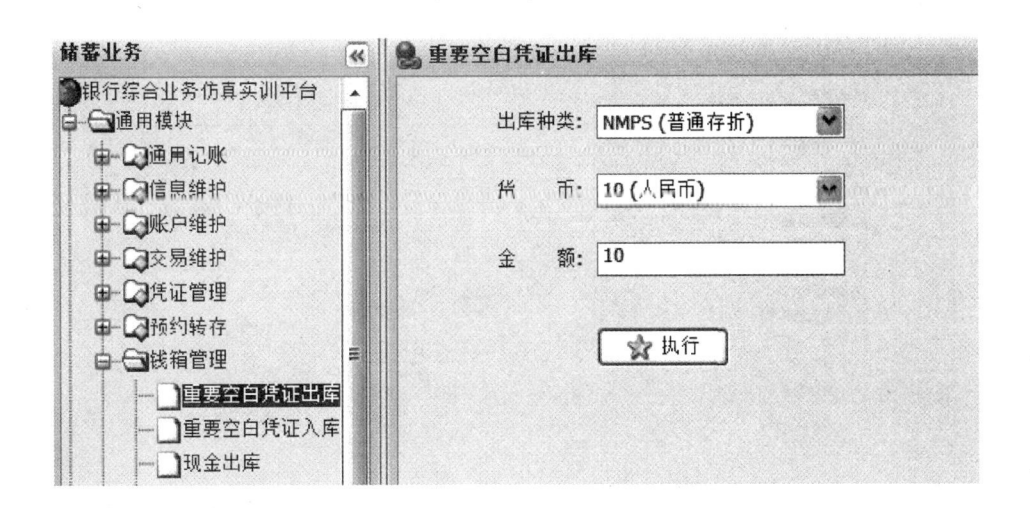

→个人储蓄→客户管理→开普通客户，则会显示如下界面：

证件类别：A
证件号码：自己设定
客户名称：李先生
邮编：自己设定
地址：自己设定

→活期储蓄→普通活期开户，则会显示如下界面：

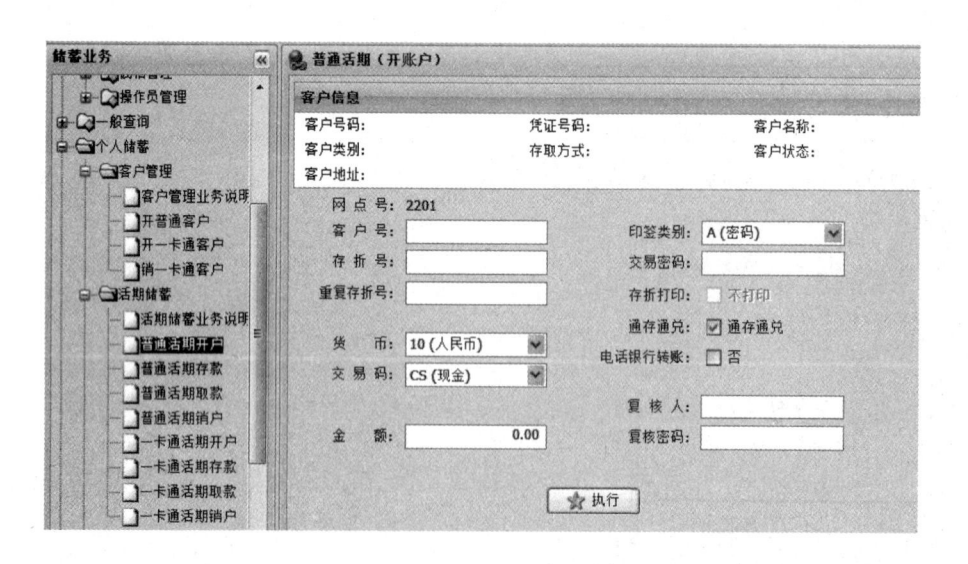

客户号：上一步生成
存折号：nmps 任一张

金额：100000 元

交易密码：自己设定

操作结果如下：

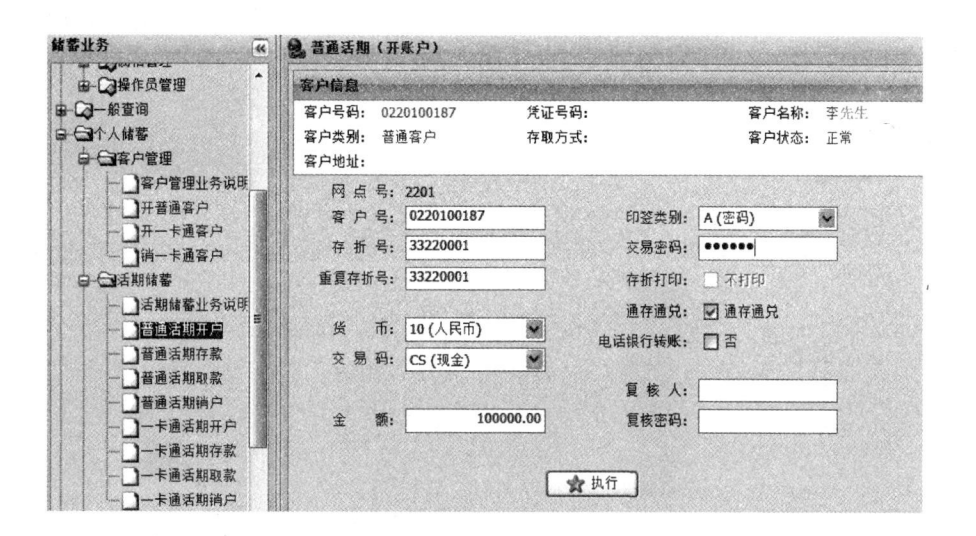

→登录系统

用户编号：换成 k 开头的

→个人贷款→消费者贷款合同管理→新增，则会显示如下界面：

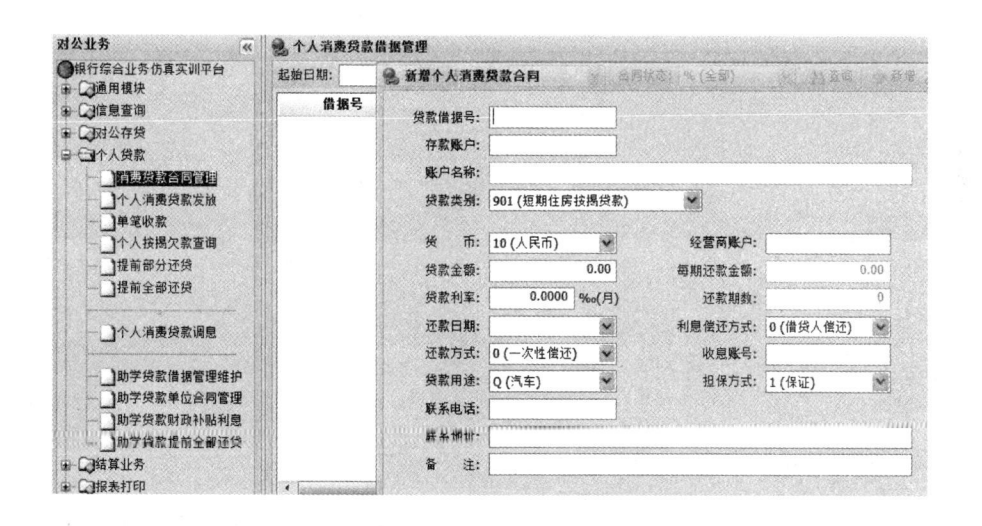

贷款借据号：任 15 位

存款账户：基本账户

贷款类别：911

金额：80000 元

利率：6.79

还款日期：一年以内

经营商账户：L 基本账户
还款方式：（2）
贷款用途：（L）
收息账号：基本账户（L）
担保方式：（2） 抵押
电话：自己设定
操作结果如下：

6.2　个人消费贷款发放

个人消费贷款发放操作步骤：个人贷款→个人消费贷款发放，则会显示如下界面：

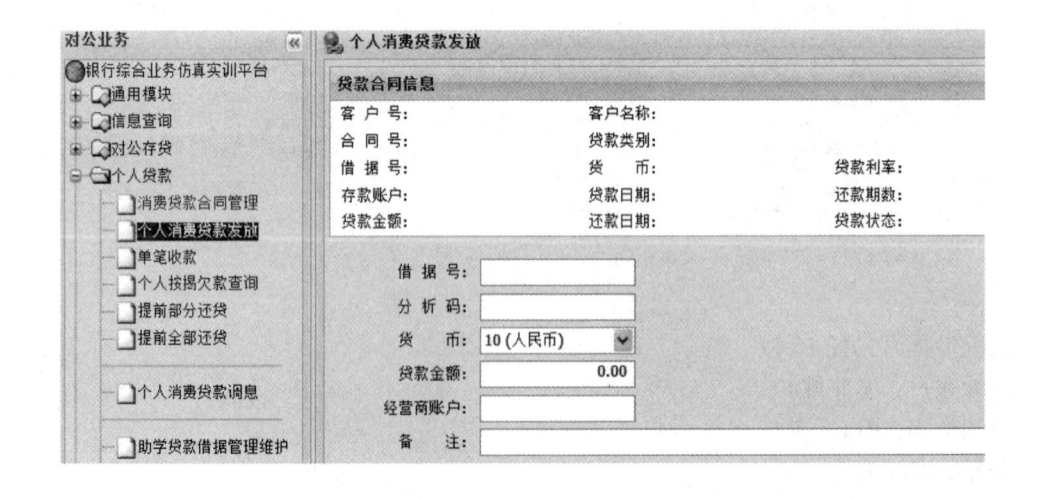

借据号：上一步借据号

分析码：000（任3位）
贷款金额：80000
经营商账户：L基本账户
操作结果如下：

```
个人消费贷款发放
贷款合同信息
客 户 号：0220100187          客户名称：李先生
合 同 号：220100000000009     贷款类别：911（中长期住房按揭贷款）
借 据 号：222222222222211     货     币：10（人民币）      贷款利率：6.7900
存款账户：022010018700010     贷款日期：2016-04-18         还款期数：12
贷款金额：80000.00            还款日期：2017-04-18         贷款状态：0（未审批）

借 据 号：222222222222211
分 析 码：000
货     币：10（人民币）
贷款金额：80000.00
经营商账户：022010018700010
备     注：
```

6.3　个人消费贷款调息

个人消费贷款调息操作步骤如下：

个人贷款→个人消费贷款调息，则会显示如下界面：

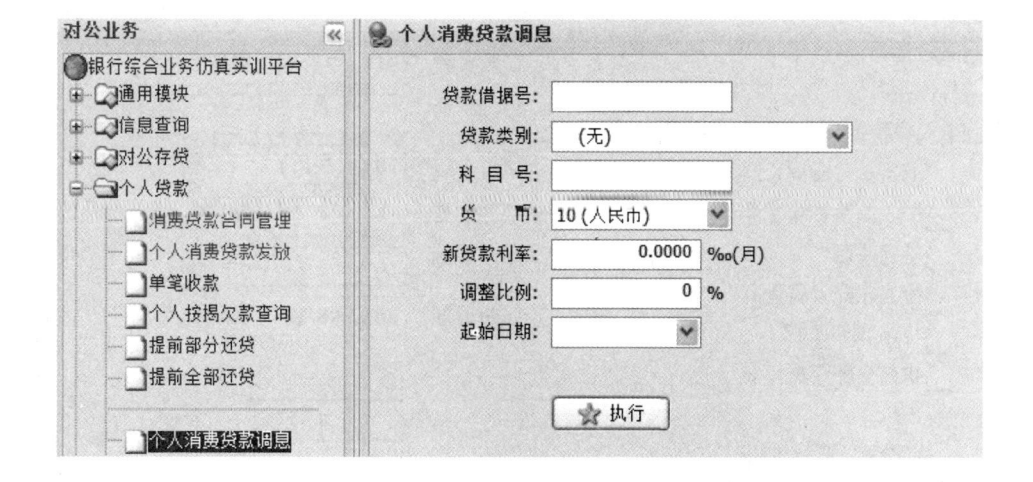

```
对公业务                      个人消费贷款调息
银行综合业务仿真实训平台
 通用模块                     贷款借据号：
 信息查询                     贷款类别：（无）
 对公存贷                     科 目 号：
 个人贷款                     货    币：10（人民币）
  消费贷款合同管理             新贷款利率：   0.0000  ‰（月）
  个人消费贷款发放             调整比例：     0      %
  单笔收款                     起始日期：
  个人按揭欠款查询
  提前部分还贷                      执行
  提前全部还贷
  个人消费贷款调息
```

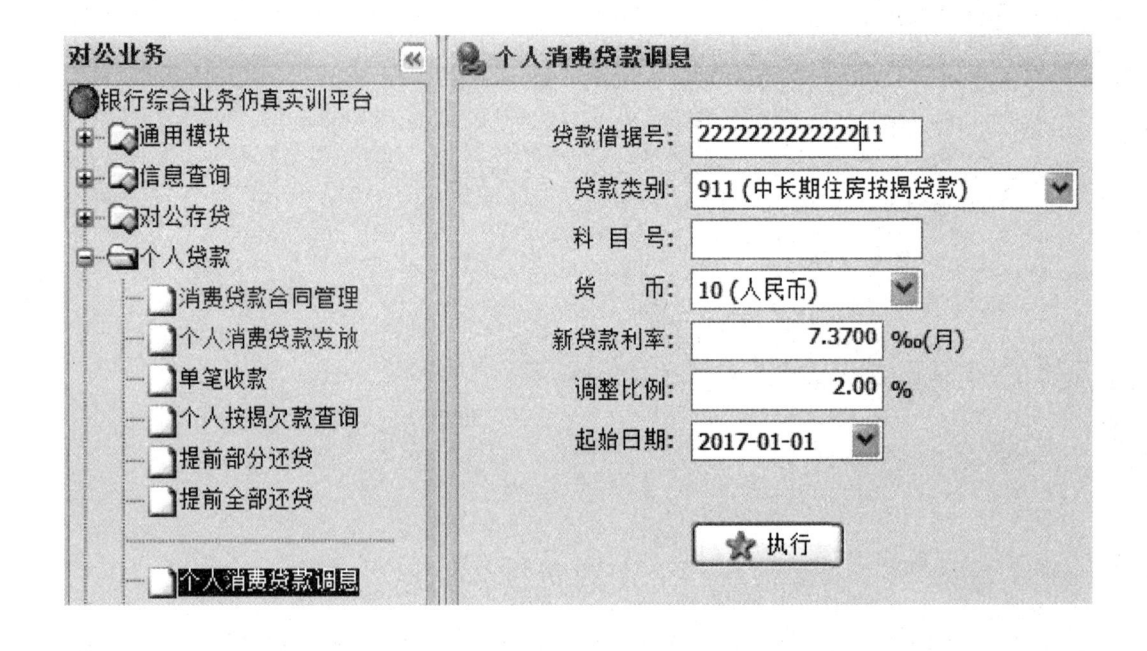

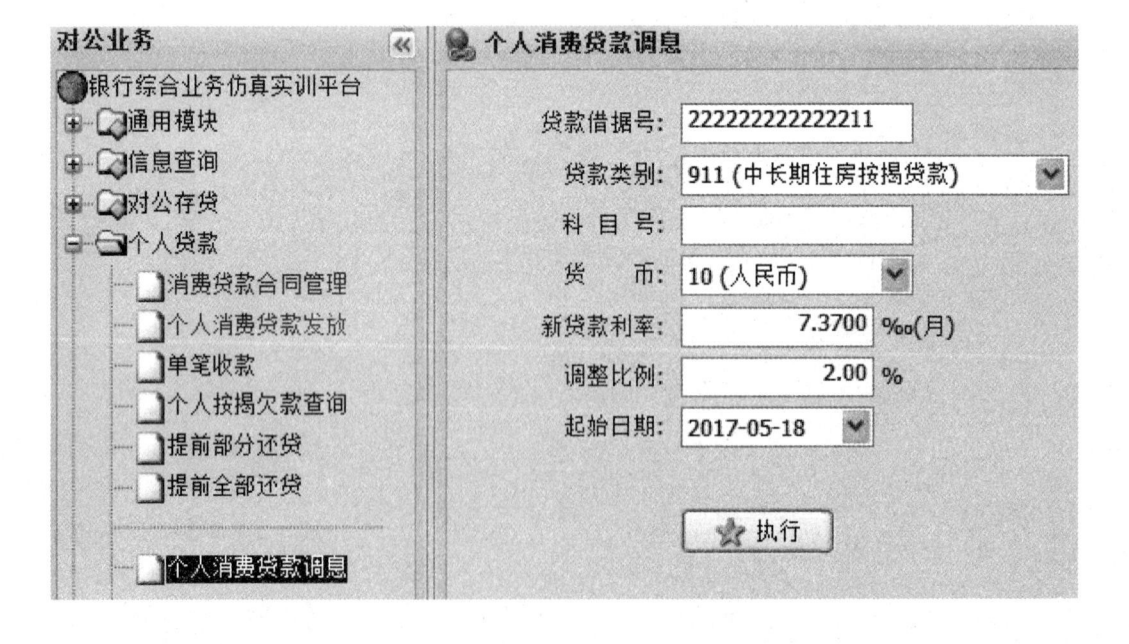

贷款借据号：
贷款类别：911
新利率：7.37%
调整比例：2%
起始日期：
科目号：不写
操作结果如下：

6.4 提前部分还贷

提前部分还贷操作步骤：个人贷款→提前部分还贷，则会显示如下界面：

贷款借据号：同上
还款金额：10000

6.5 提前全部还贷

提前全部还贷操作步骤：个人贷款→提前全部还贷，则会显示如下界面：

贷款借据号：同上

还款金额：尚余本金

与以上内容相同，没有编入目录

1. 助学贷款单位合同录入操作步骤

个人贷款→助学贷款单位合同管理，则会显示如下界面：

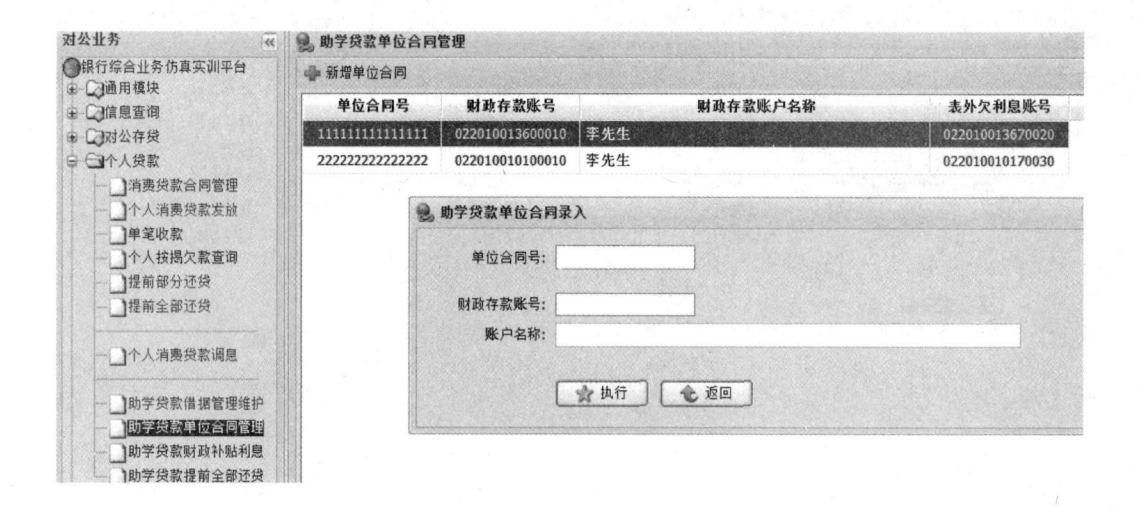

单位合同号：任设15位

财政存款账号：活期账户（李先生）

账户名称：李先生

操作结果如下：

2. 新增消费贷款合同操作步骤

个人贷款→消费贷款→消费贷款合同管理→新增，则会显示如下界面：

贷款借据号：重设 15 位（与上一步不同）

存款账户：活期账户

贷款类别：905

贷款金额：6000 元

利率：0.5%

还款日期：记住

方式：一次性

用途：0 其他

经营商账户：L 基本账户

利息偿还方式：0（借贷人偿还）

收息账号：同上

担保方式：（2）抵押

操作结果如下：

3. 新增助学贷款合同（还款日期 1 年以内）操作步骤

个人贷款→助学贷款借据管理维护，则会显示如下界面：

贷款借据号：上一步
单位合同号：上一步（助学贷款单位合同录入）
还款日期：一年以内
方式（0）一次性偿还
操作结果如下：

4. 个人消费贷款发放操作步骤

个人贷款→个人消费贷款发放，则会显示如下界面：

借据号：（上一步借据号）
分析码：任 3 位
贷款金额：6000 元
经营商账户：以（L 基本账户）为例
操作结果如下：

5. 助学贷款提前全部还贷操作步骤

个人贷款→助学贷款提前全部还贷。
贷款借据号：（新增消费贷款合同号）
还款金额：6000 元
操作结果如下：

助学贷款提前全部还贷

个人消费贷款业务贷款合同信息

客户号：	0220100187	货币：	10 (人民币)	客户名称：	李先生
存款账户：	022010018700010	贷款日期：	2016-04-18	每期金额：	6000.00
总期数：	1	贷款金额：	6000.00	贷款利率：	5.0000
已还期数：	0	尚余本金：	6000.00	本期应还：	0.00
应还期号：	0	应还日期：		当前应还：	0.00
当前利息：	0.00	罚息利率：	7.9417	罚息金额：	0.00

贷款借据号：20202020202020202
货币：10 (人民币)
还款金额：6000
备注：

7

结算业务操作

7.1 辖内通存业务

1. 现金通存录入

现金通存录入（28000）操作步骤：

（1）登录系统，更换交易部门（这需要教师再创建一个对公的交易部门才能进行操作）。

（2）对公存贷→新开户业务→新开账户号，则会显示如下界面：

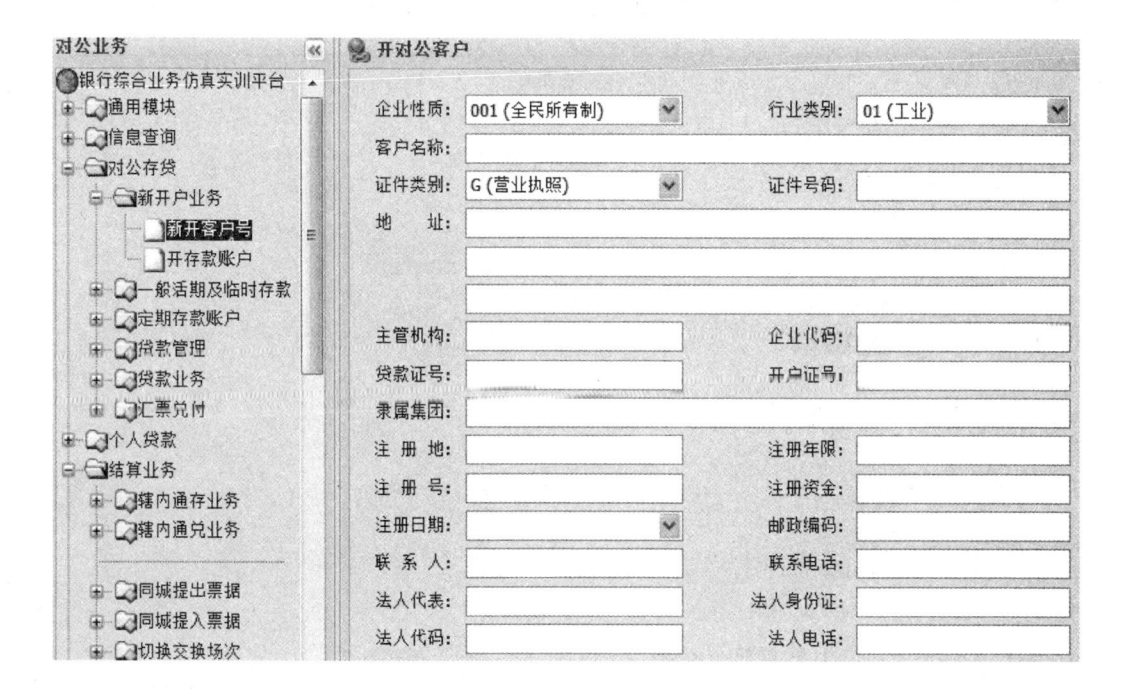

企业性质：（005）
行业类别：01
客户名称：C 软件技术有限公司
证件号码：自己设定
生成的客户号要保存
→开存款账户

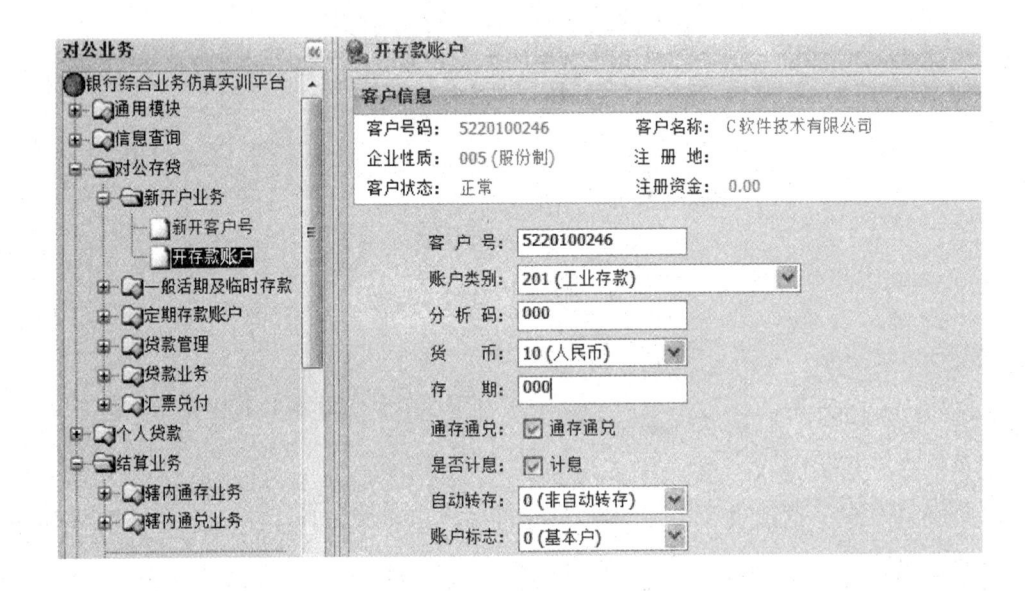

→结算业务→辖内通存业务，则会显示如下界面：

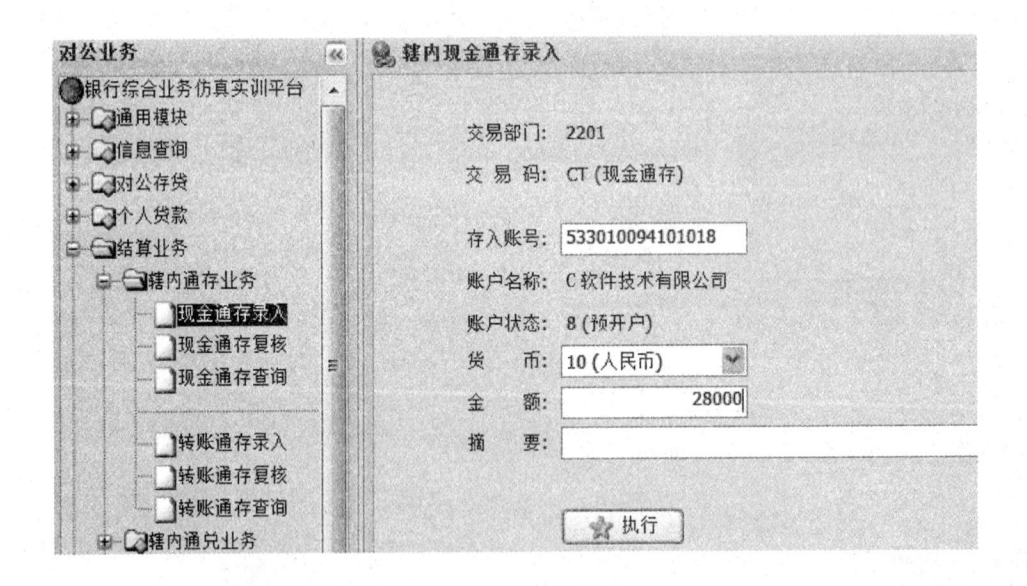

→登录系统　变更柜员复核（交易部门：不变　用户编号：例如，k0001→k0002）
　→辖内通存业务→现金通存复核→选中→复核（存入账号：上一步生成账号　　金额：28000）

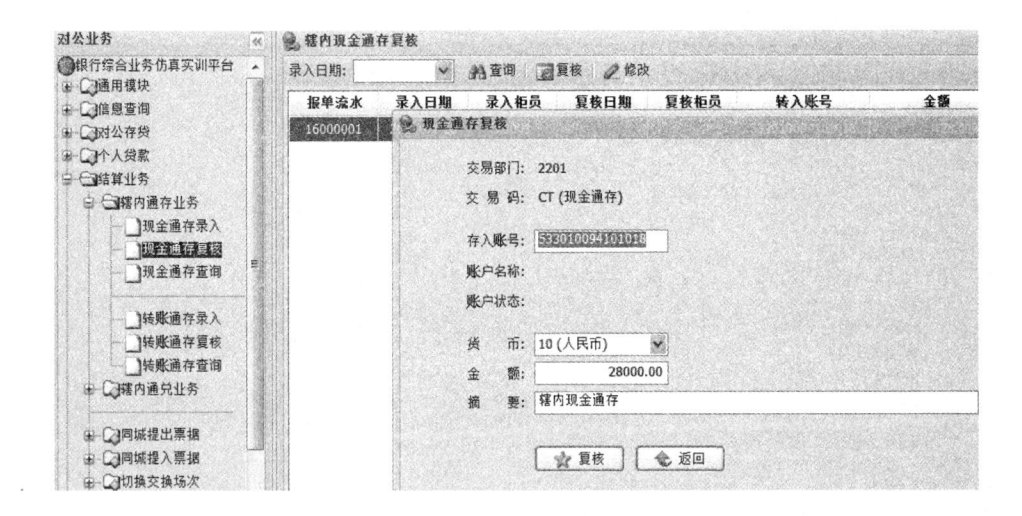

再登回自己的用户编号。

2. 转账通存录入

转账通存录入步骤：结算业务→辖内通存业务→转账通存录入，则会显示如下界面：
转出账号：L 有限公司对公账户
转入账号：C 软件技术有限公司对公账户
凭证类型：转账支票凭证号码之一

→登录系统将（用户编号：k0001→k0002）进行复核。

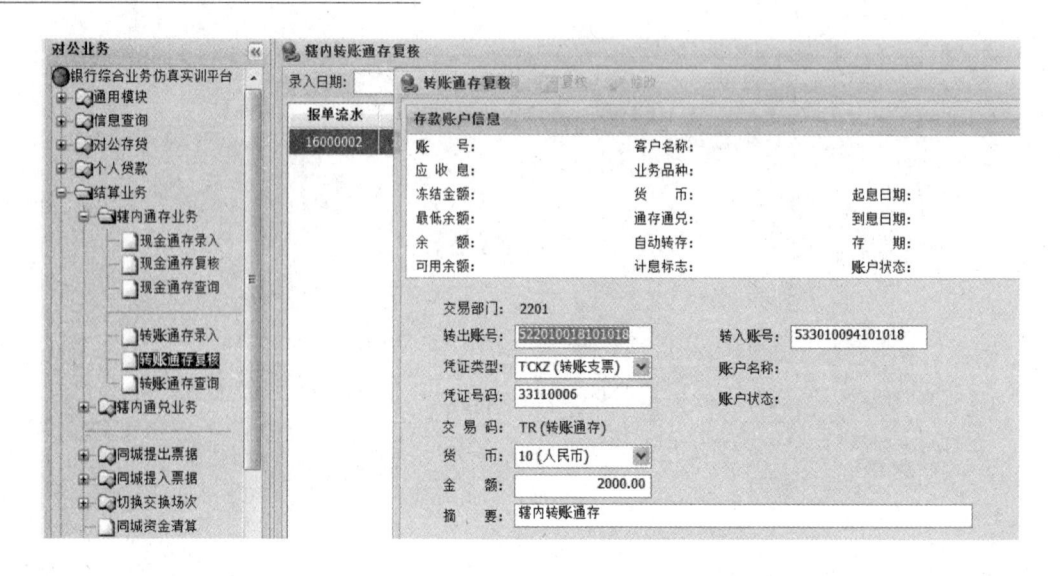

再登回自己的系统。

7.2 辖内通兑业务

1. 现金通兑录入

现金通兑录入操作步骤：结算业务→辖内通兑录入→现金通兑录入，则会显示如下界面：

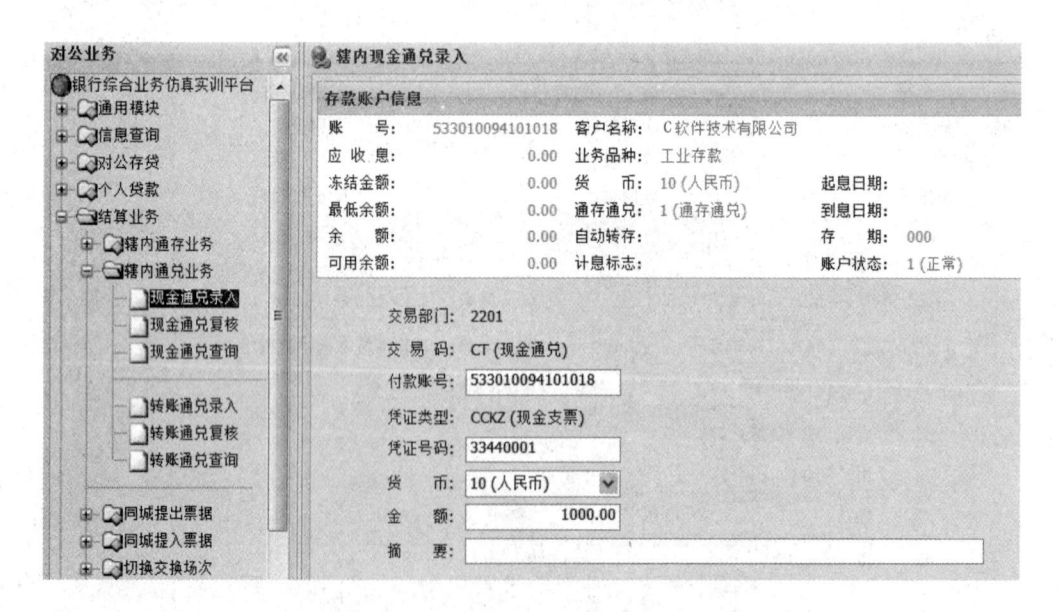

付款账号：C软件技术有限公司（为在另一交易部门开的对公账户，需要做总行领入凭证，下发部门，部门再出库，然后将支票出售给该公司）

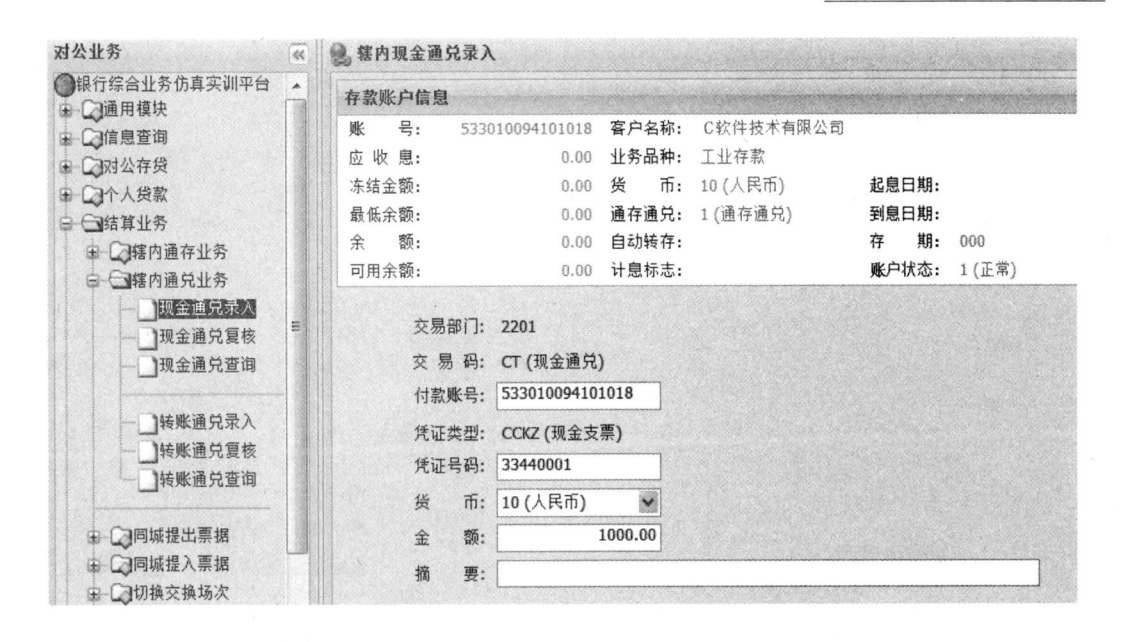

凭证号码：C软件技术有限公司领取的凭证
金额：1000元
→登录系统更换（用户编号：k0001→k0002）
→现金通兑复核

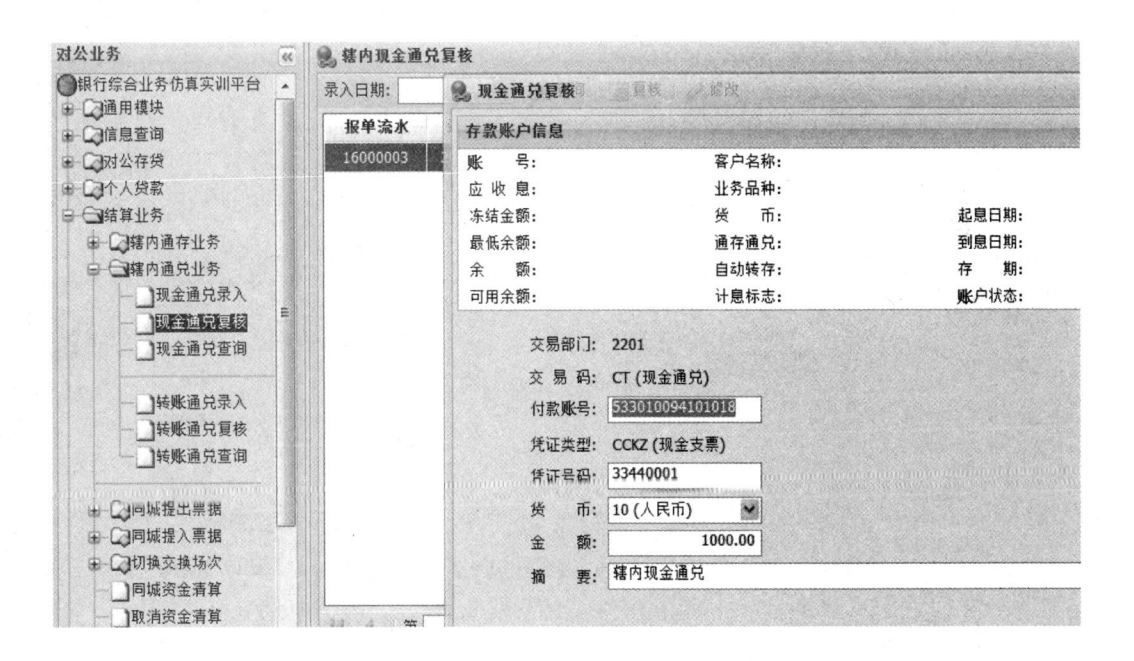

付款账号：C软件技术有限公司
现金支票：同上
凭证号码：同上

2. 转账通兑录入

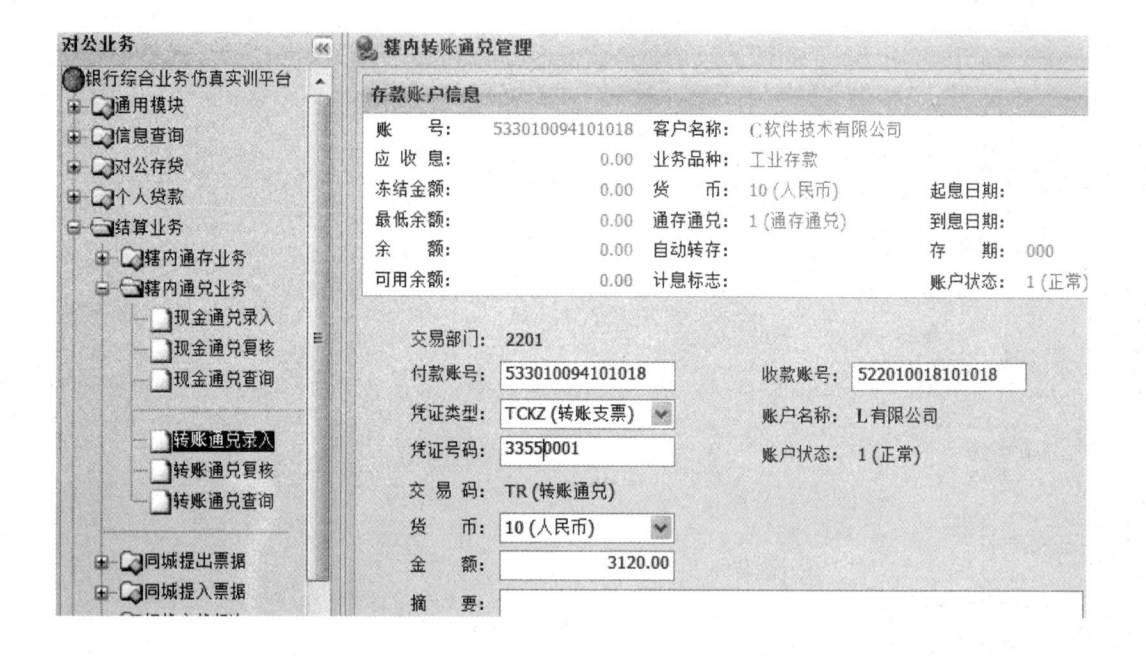

付款账号：C 软件技术有限公司
收款账号：L 基本账户
凭证号码：转账支票任一张
金额：3120
→换柜员复核
操作界面如下：

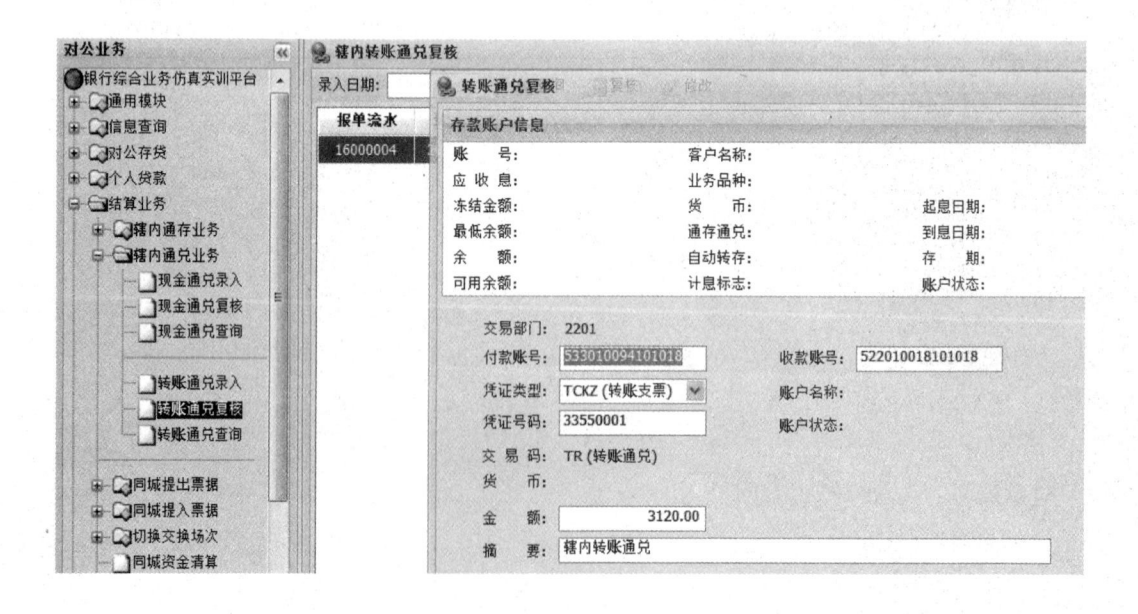

7.3 同城提出票据

1. 提出代付录入

提出代付录入操作步骤：结算业务→同城提出票据→提出代付录入，则会显示如下界面：

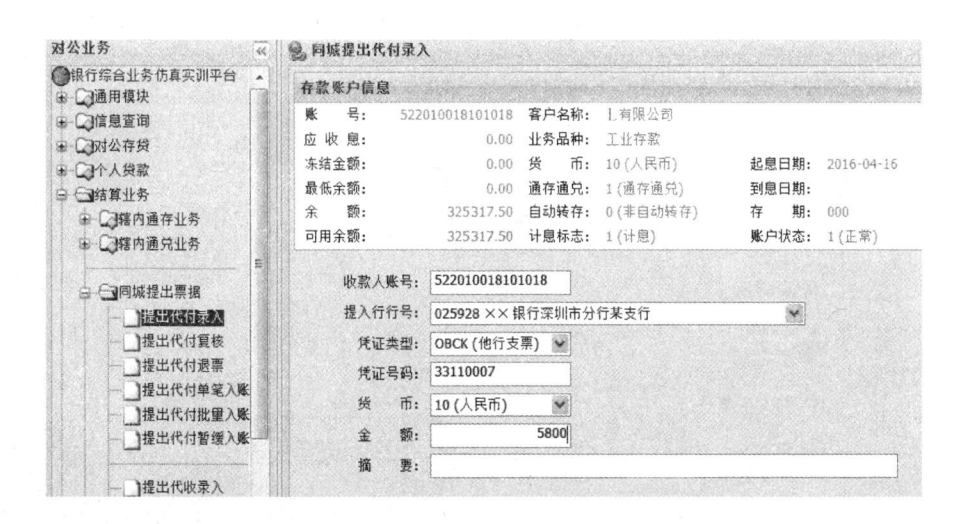

收款人账号：L 基本账户

提入行行号：不变　某支行

凭证类型：obck 其他支票

凭证号码：支票凭证中任一张

金额：5800

→提出代付复核→点击查询→选中→点击复核

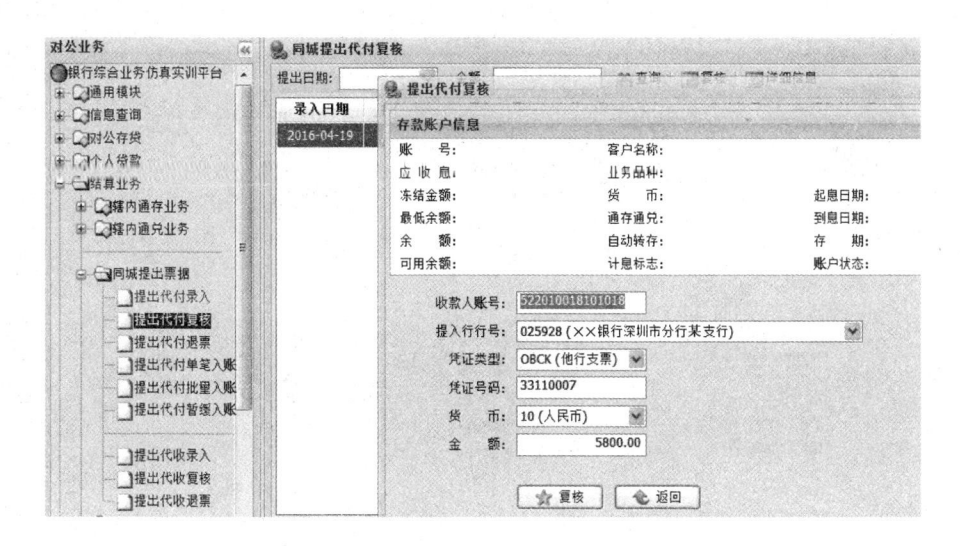

→登录系统
交易部门
用户编号：k0001→k0002
→查询→选中→点击复核

2. 提出代付退票

提出代付退票操作步骤：结算业务→同城提出票据→提出代付录入，则会显示如下界面：

收款人账号：L 基本账户
提入行行号：自动显示
凭证类型：obck 其他支票
凭证号码：支票凭证中任一张
金额：6000
→查询→退出系统→登录系统
用户编号：k0001→k0002
→同城提出票据→提出代付复核→查询→选中→复核，则会显示如下界面：

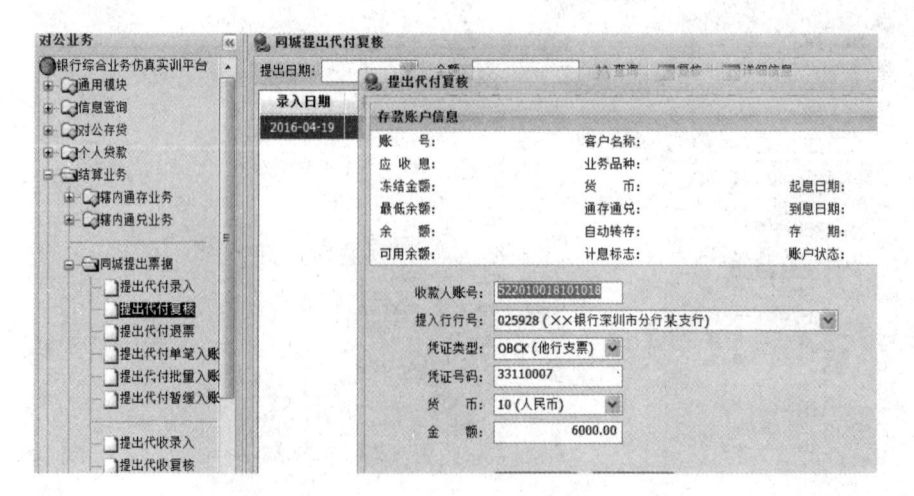

执行结果如下：

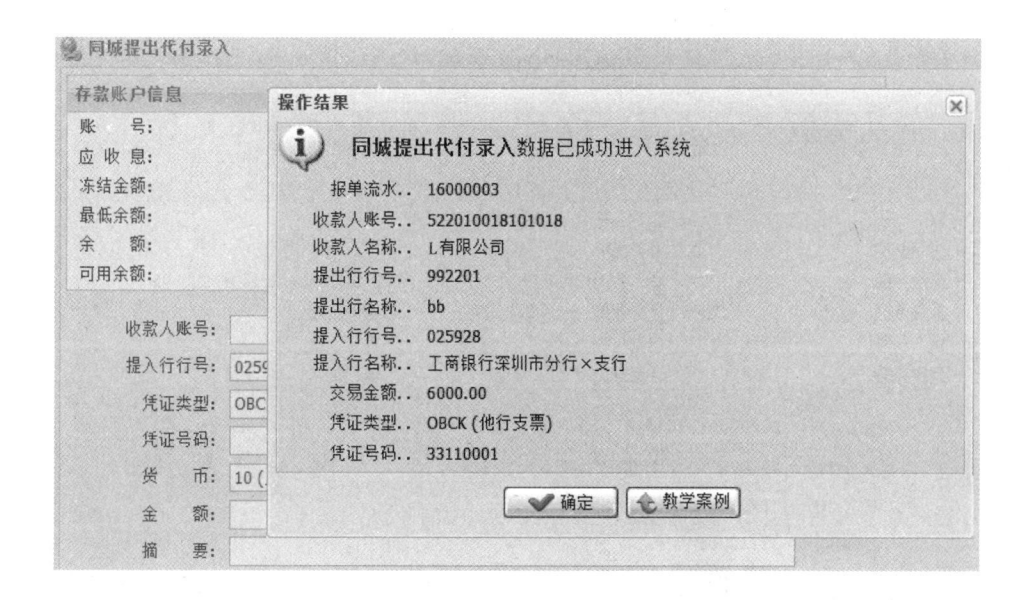

→切换较好场次→交换场次切换

交换日期：自己定

交换场次：（2）

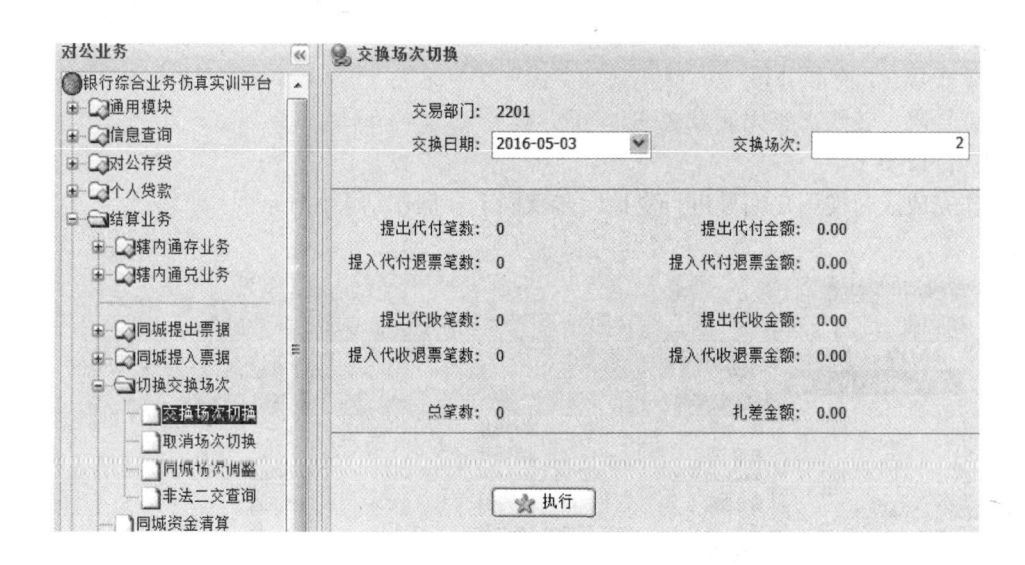

→登录交易系统→

交易部门：更换

用户编号：

交易密码：

3. 提出代收录入

提出代收录入操作步骤：结算业务→同城提出票据→提出代收录入，则会显示如下界面：

```
同城提出代收录入
存款账户信息
账　　号：  522010018101018    客户名称：L有限公司
应 收 息：             0.00    业务品种：工业存款
冻结金额：             0.00    货　　币：10 (人民币)    起息日期：2016-04-21
最低余额：             0.00    通存通兑：1 (通存通兑)    到息日期：
余　　额：        324141.73    自动转存：0 (非自动转存)  存　　期：000
可用余额：        324141.73    计息标志：1 (计息)        账户状态：1 (正常)

付款人账号：522010018101018
提入行行号：025928 ××银行深圳市分行××支行
凭证类型：TCKZ (转账支票)
凭证号码：33110008
货　　币：10 (人民币)
金　　额：         1200
摘　　要：

执行
```

付款账号：L有限公司
凭证号码：转账支票凭证号之一
金额：1200

操作完成后，换用户编号进行复核，步骤同上，操作结果如下：

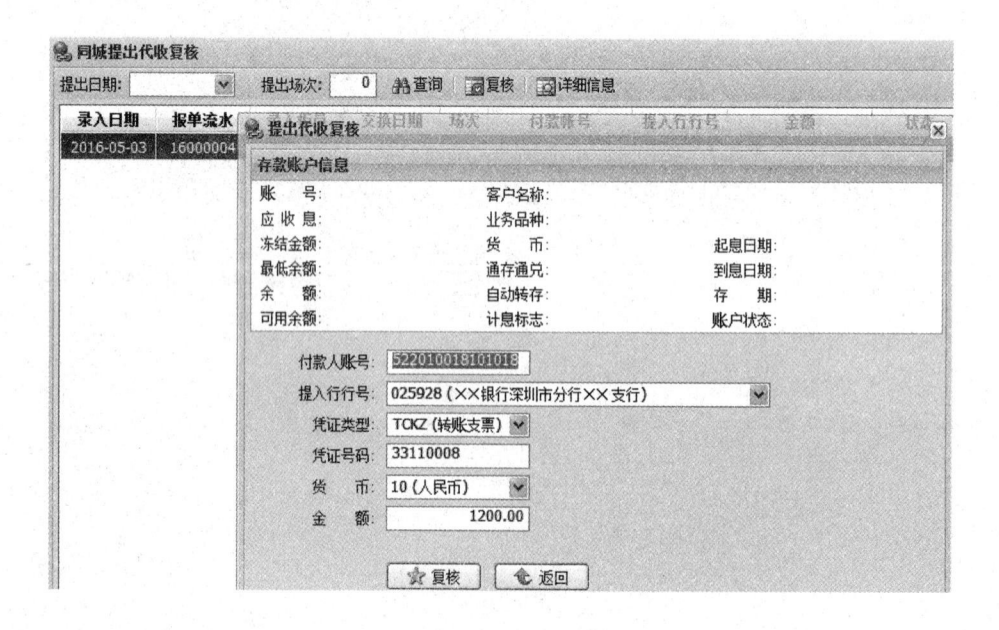

```
同城提出代收复核
提出日期：         提出场次：  0   查询  复核  详细信息
录入日期    报单流水   ...
2016-05-03  16000004

提出代收复核
存款账户信息
账　　号：         客户名称：
应 收 息：         业务品种：
冻结金额：         货　　币：         起息日期：
最低余额：         通存通兑：         到息日期：
余　　额：         自动转存：         存　　期：
可用余额：         计息标志：         账户状态：

付款人账号：522010018101018
提入行行号：025928 (××银行深圳市分行××支行)
凭证类型：TCKZ (转账支票)
凭证号码：33110008
货　　币：10 (人民币)
金　　额：     1200.00

复核   返回
```

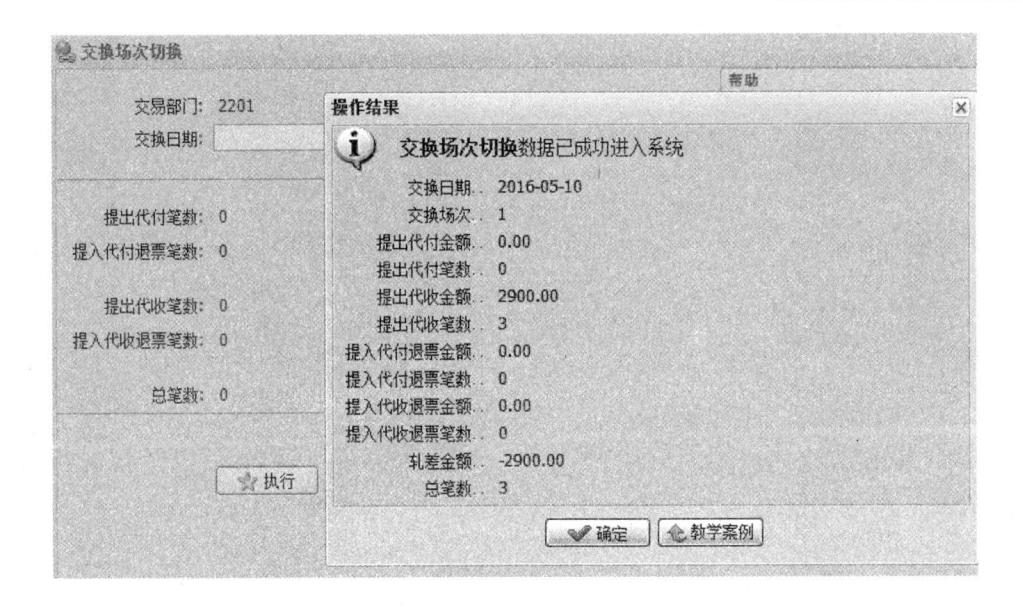

7.4 同城提入票据

1. 提入代付录入复核

提入代付录入复核操作步骤：结算业务→同城提入票据→提入代付录入复核，则会显示如下界面：

提入日期：自己设定
票交场次：自己设定

付款人账号：L公司
收款人账号：
收款人名称：M公司

2. 提入代付退票

提出代付报单退票操作步骤：结算业务→同城提入票据→提入代付报单退票，点击查询，显示如下界面：点击退票

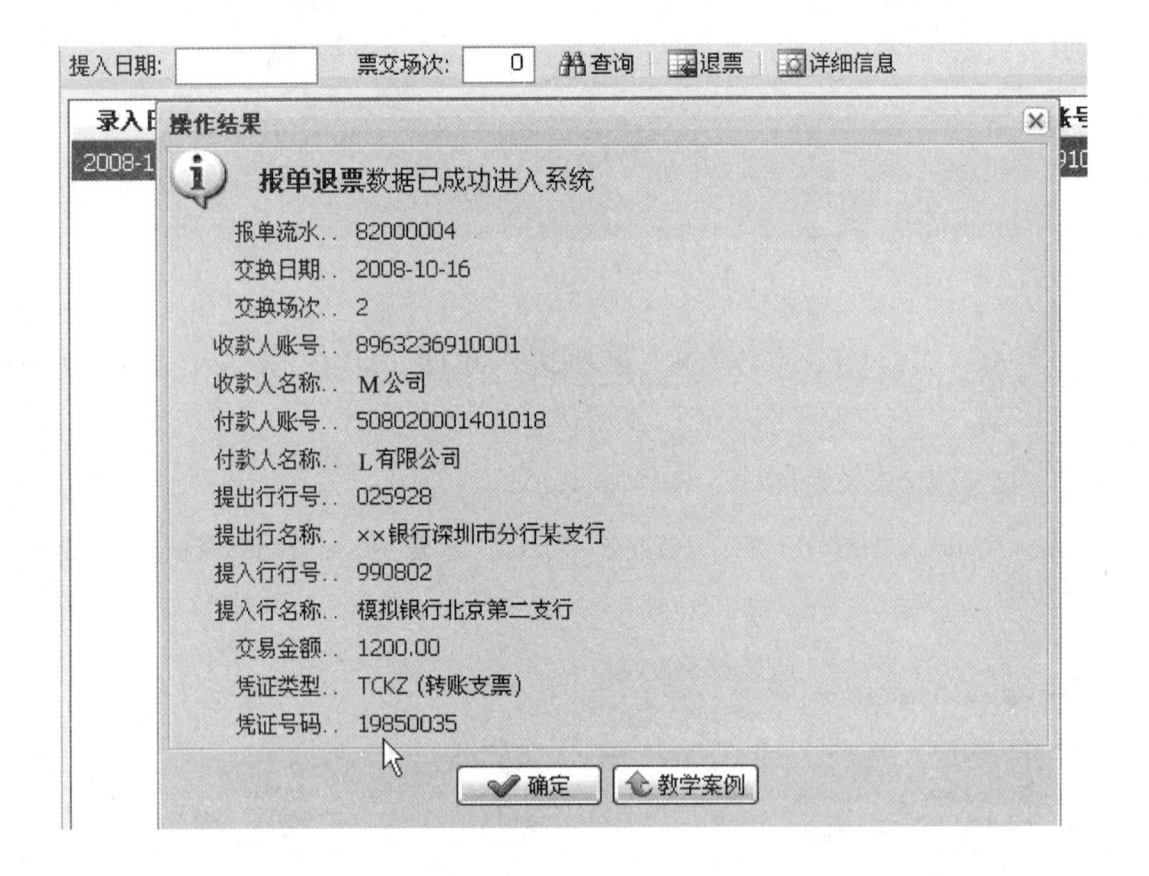

```
操作结果
报单退票数据已成功进入系统
报单流水.. 82000004
交换日期.. 2008-10-16
交换场次.. 2
收款人账号.. 8963236910001
收款人名称.. M公司
付款人账号.. 508020001401018
付款人名称.. L有限公司
提出行行号.. 025928
提出行名称.. ××银行深圳市分行某支行
提入行行号.. 990802
提入行名称.. 模拟银行北京第二支行
交易金额.. 1200.00
凭证类型.. TCKZ（转账支票）
凭证号码.. 19850035
```

7.5 特约汇款业务操作

1. 签发特约汇款证

签发特约汇款证操作步骤：结算业务→特约汇款业务→签发特约汇款证，则会显示如下界面：

付款人账号：L有限公司
金额：5500元
收款人账号：I科技公司账号
收款人名称：I科技公司
汇票编号：汇票凭证号之一

2. 兑付特约汇款证

兑付特约汇款证操作步骤：结算业务→特约汇款业务→兑付特约汇款证，则会显示如下界面：

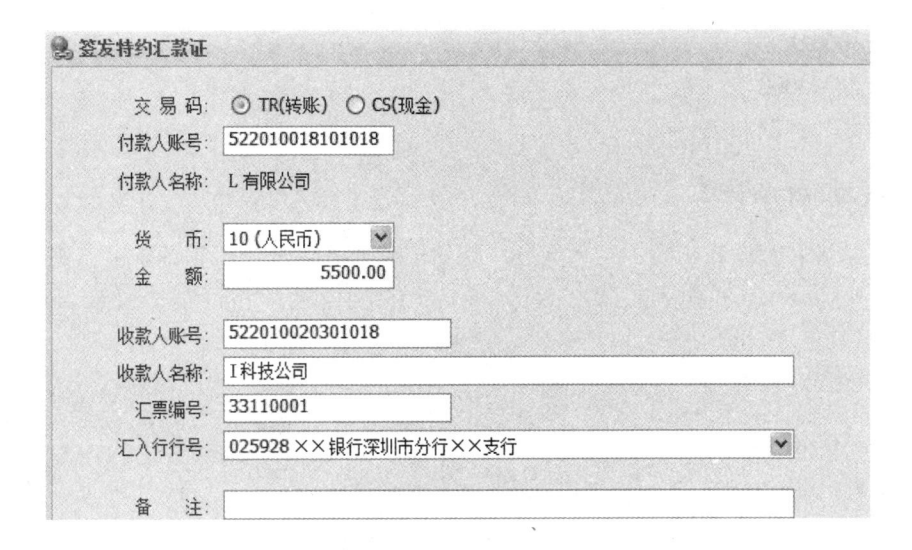

汇票编号：汇款凭证号之一
付款人账号：L有限公司账号

金额：3000 元

结算金额：3000 元

持票人账号：I 科技公司

3. 特约汇款证转汇

特约汇款证转汇操作步骤：结算业务→特约汇款业务→特约汇款证转汇，则会显示如下界面：

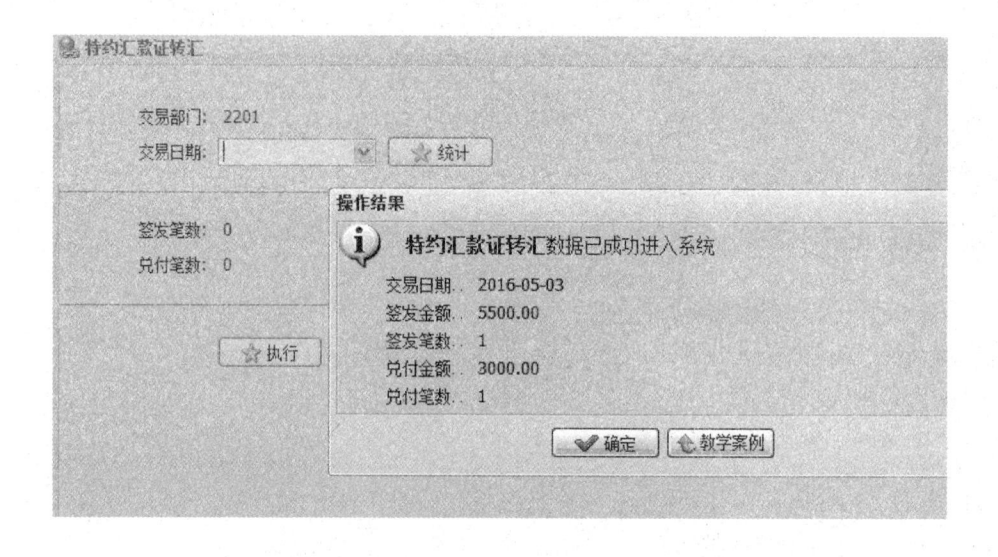

4. 开出特约汇款证

开出特约汇款证操作步骤：结算业务→特约汇款业务→开出特约汇款证，点击显示签发未开出的特约汇款证，则会显示如下界面：

5. 记联行往账

记联行往账操作步骤：结算业务→特约汇款业务→记联行往账，则会显示如下界面：

联行报单号：联行凭证号之一
金额：5500 元

6. 记联行来账

记联行来账操作步骤：结算业务→特约汇款业务→记联行来账，则会显示如下界面：

联行报单号：全国联行邮划贷方报单凭证号之一
金额：5800元
收款人账号：L有限公司账号
付款人账号：I科技公司
发报行行号和收报行行号保持一致

7. 特约汇款证汇差清算

特约汇款证汇差清算操作步骤：结算业务→特约汇款业务→特约汇款证汇差清算，填写交易日期，点击统计，则会显示如下界面：

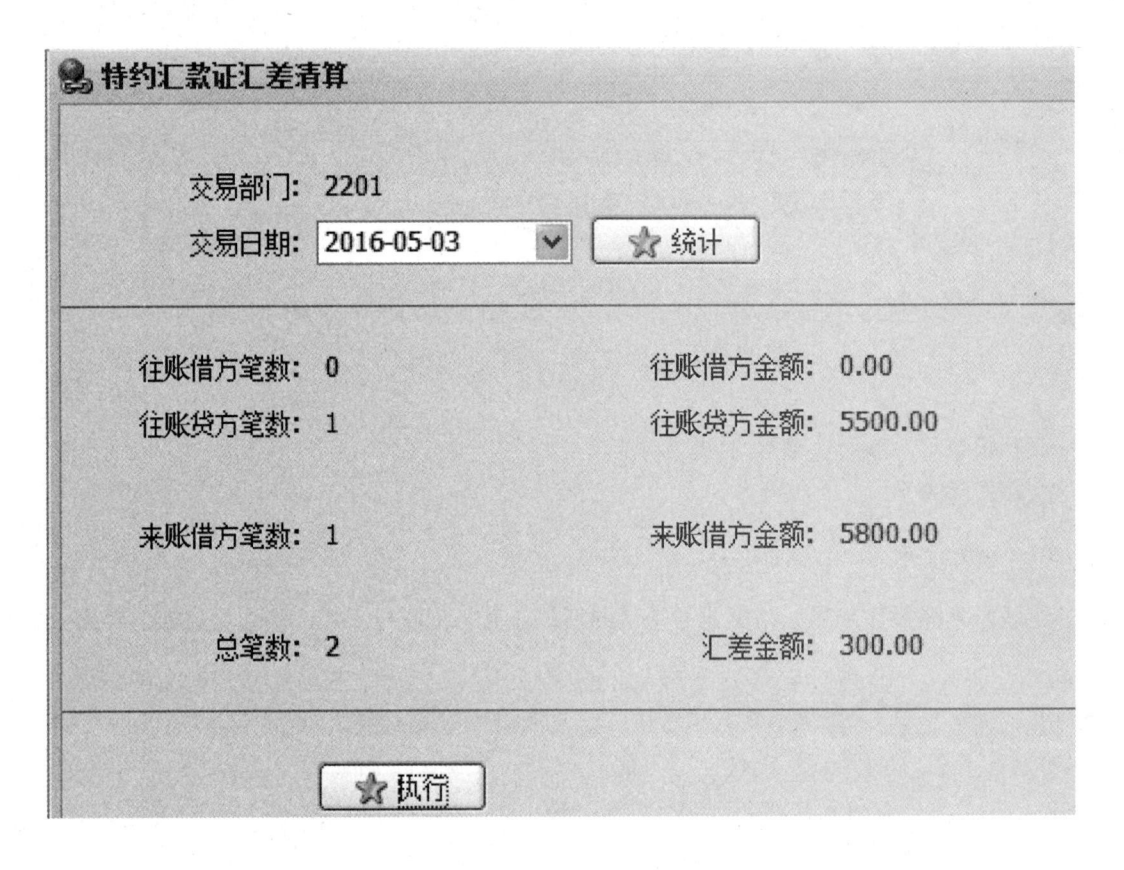

```
特约汇款证汇差清算

交易部门：  2201
交易日期：  2016-05-03    ☆ 统计

往账借方笔数： 0           往账借方金额： 0.00
往账贷方笔数： 1           往账贷方金额： 5500.00

来账借方笔数： 1           来账借方金额： 5800.00

总笔数： 2                汇差金额： 300.00

                ☆ 执行
```

8. 取消特约汇款证清算操作步骤同上

8 通用模块操作2

8.1 通用记账操作

1. 表内通用记账

表内通用记账操作步骤：通用模块→通用记账→表内通用记账，则会显示如下界面：

账号：L有限公司
借贷：贷
金额：2600元

点击加号，账号：9 + 部门编号 + 1040700001

借贷：借

金额：2600 元

2. 表外通用记账

表外通用记账操作步骤：通用模块→通用记账→表外通用记账，则会显示如下界面：

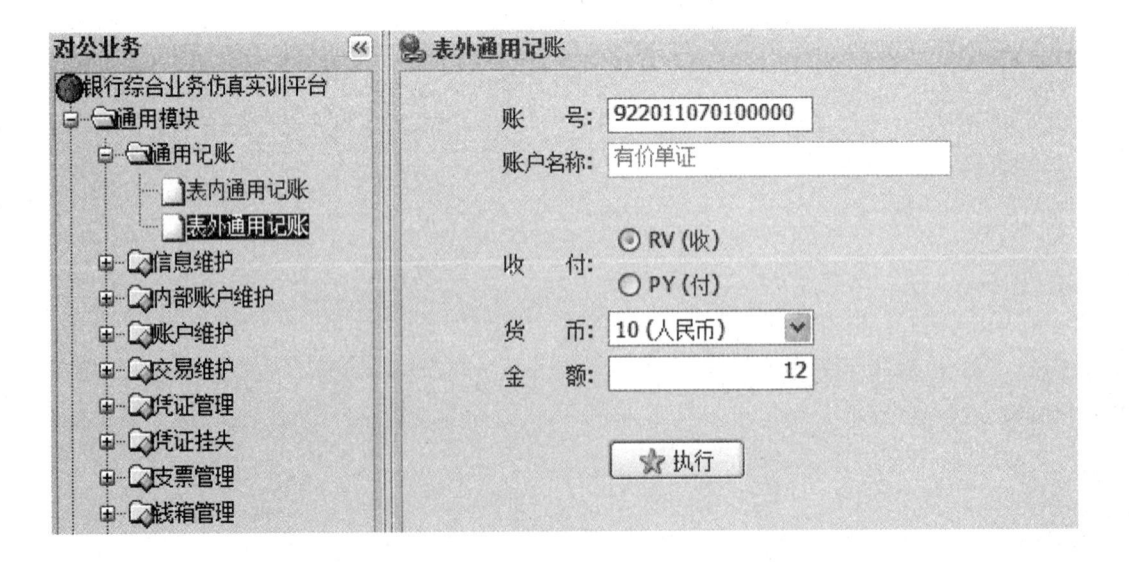

8.2 信息维护操作

1. 公司客户维护

公司客户维护操作步骤：通用模块→信息维护→公司客户维护，则会显示如下界面：

输入之前的客户号，可以修改相关内容。

2. 表内账户信息维护

表内账户信息维护操作步骤：通用模块→信息维护→表内账户信息维护，则会显示如下界面：可以修改相关信息。

3. 表外账户信息维护

表外账户信息维护操作步骤：通用模块→信息维护→表外账户信息维护，则会显示如下界面：可以修改相关信息。

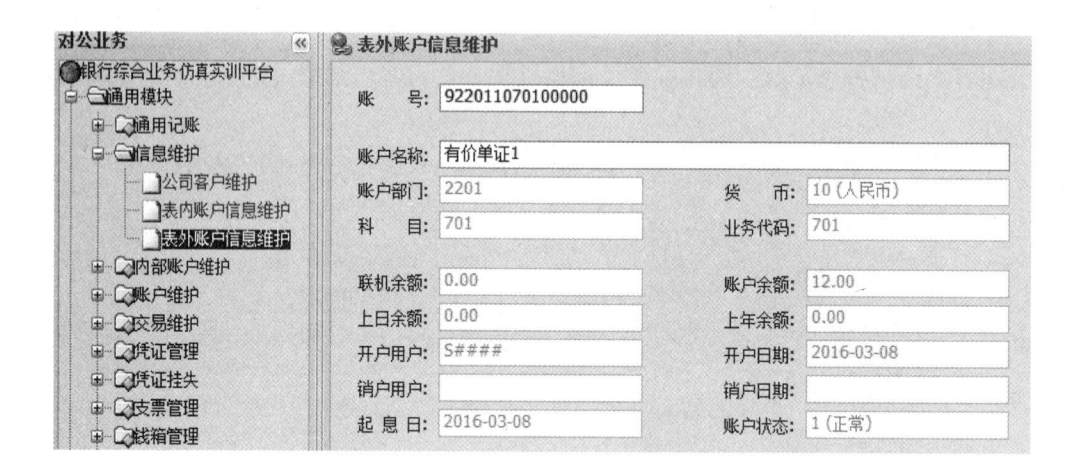

8.3 内部账户维护

1. 综合账户开户

综合账户开户操作步骤：通用模块→内部账户维护→综合账户开户，则会显示如下界面：

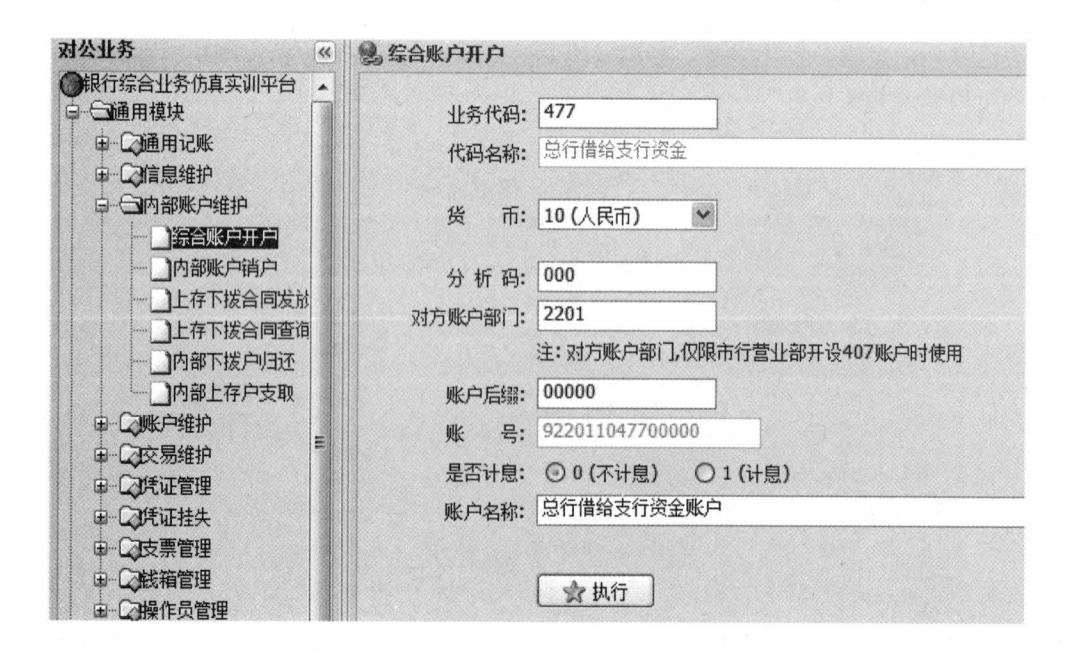

业务代码：477
分析码：任意3位数
账户后缀：账号的后5位
账户名称：总行借给支行资金账户

2. 内部账户销户

内部账户销户操作步骤：通用模块→内部账户维护→综合账户开户，账户名称改为某银行，然后点击内部账户销户。

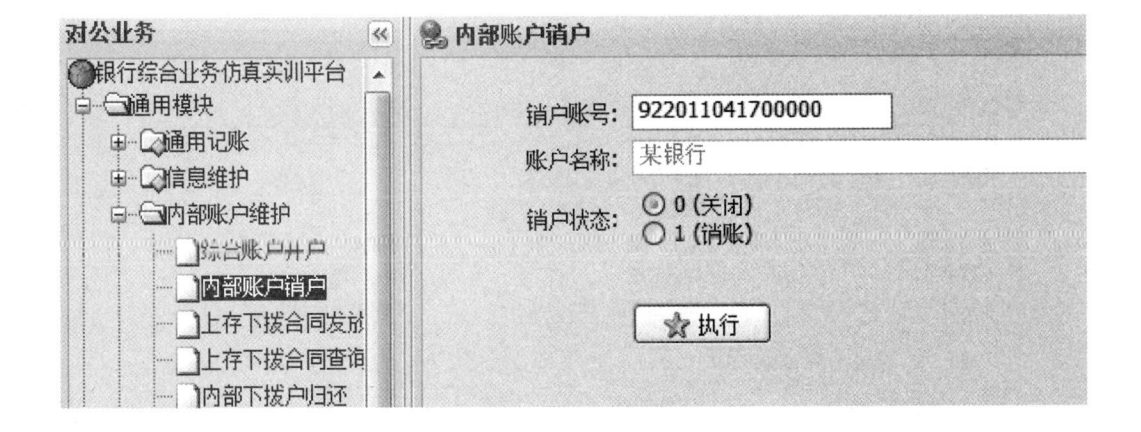

8.4 账户维护操作

1. 账户部分冻结

账户部分冻结操作步骤：通用模块→账户维护→账户部分冻结，则会显示如下界面：账号为之前开设账号的任一个。

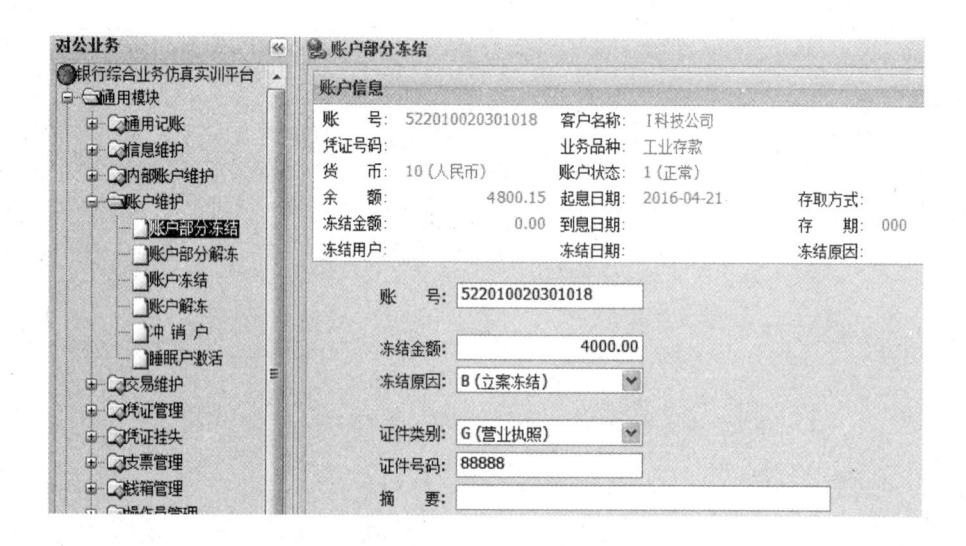

2. 账户部分解冻

账户部分解冻操作步骤：通用模块→账户维护→账户部分解冻，则会显示如下界面：账号为上一步冻结账号。

3. 账户冻结

4. 账户解冻

账户冻结和账户解冻操作步骤和上面的基本相同。

5. 冲销户

冲销账操作步骤：

（1）对公存贷→一般活期及临时存款→现金存款，则会显示如下界面：账号是之前开设的账号，交易金额 1000 元。

（2）账户结清步骤如下：

(3) 支票出售操作如下：

(4) 现金取款操作如下：

(5) 账户销户操作如下：

（6）冲销户操作如下：

8.5　交易维护操作

冲账操作步骤

（1）首先进行现金存款，操作步骤如下：

（2）进行信息查询操作，账户账务查询，输入交易账户，点击查询。

(3) 进行冲账操作，输入日期和流水号。

8.6 凭证挂失操作

1. 凭证挂失操作步骤

（1）新开户业务→新开客户号，生成的客户号→开存款账户，账户类别为一年以内的定期存款，存期301，账户标志为专用户。

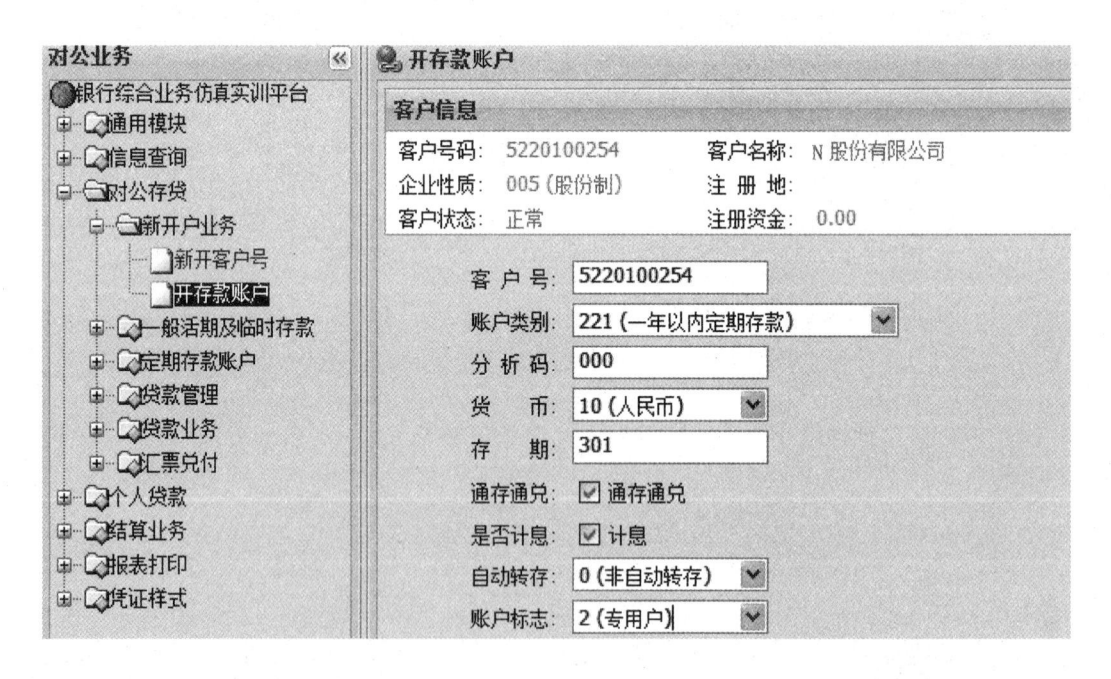

（2）新开户金现金存款，账号为上一步形成的账号。

(3) 凭证挂失操作步骤，凭证类型选单位定期存款开户证实书；凭证号码：证实书号之一；账号和证件号是之前形成的。

2. 凭证解挂（不换凭证）

凭证解挂（不换凭证）操作步骤：通用模块→凭证挂失→凭证解挂（不换凭证），则会显示如下界面：凭证类型为单位定期存款开户证实书，账号：之前开的账号。

注：凭证解挂（换凭证）操作不了，需要7天解挂之后才能操作。

3. 换存单

换存单操作步骤：通用模块→凭证挂失→换存单，则会显示如下界面：凭证类型：单位定期存款开户证实书；账号：之前开设账号；存单号会自动显示，然后替换一张存单号，填写交易密码和证件号码，点击执行即可。

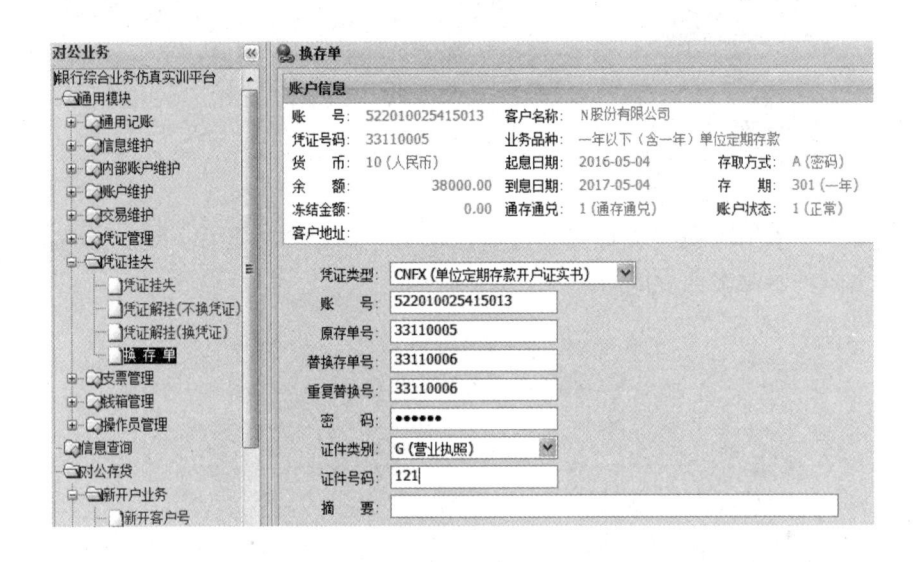

8.7 支票管理操作

1. 支票出售（之前步骤操作过）

2. 取消支票出售

取消支票出售操作步骤：通用模块→支票管理→取消支票出售，则会显示如下界面：账号：I科技公司

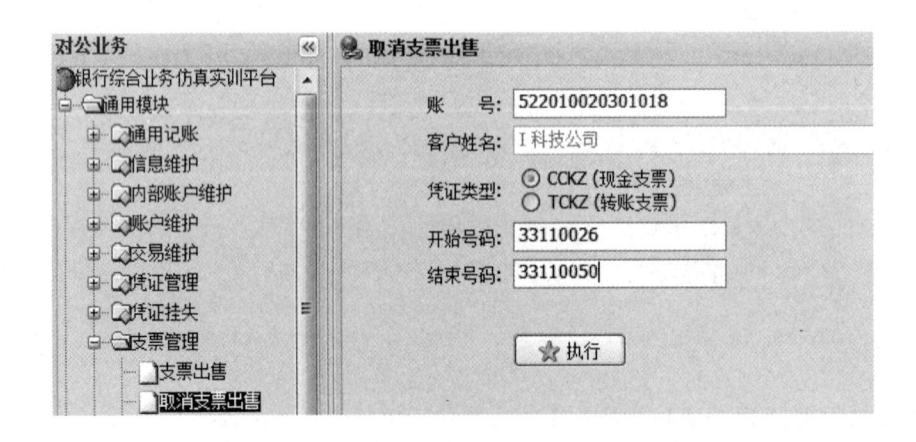

3. 支票挂失

支票挂失操作步骤：通用模块→支票管理→支票挂失，则显示如下界面：

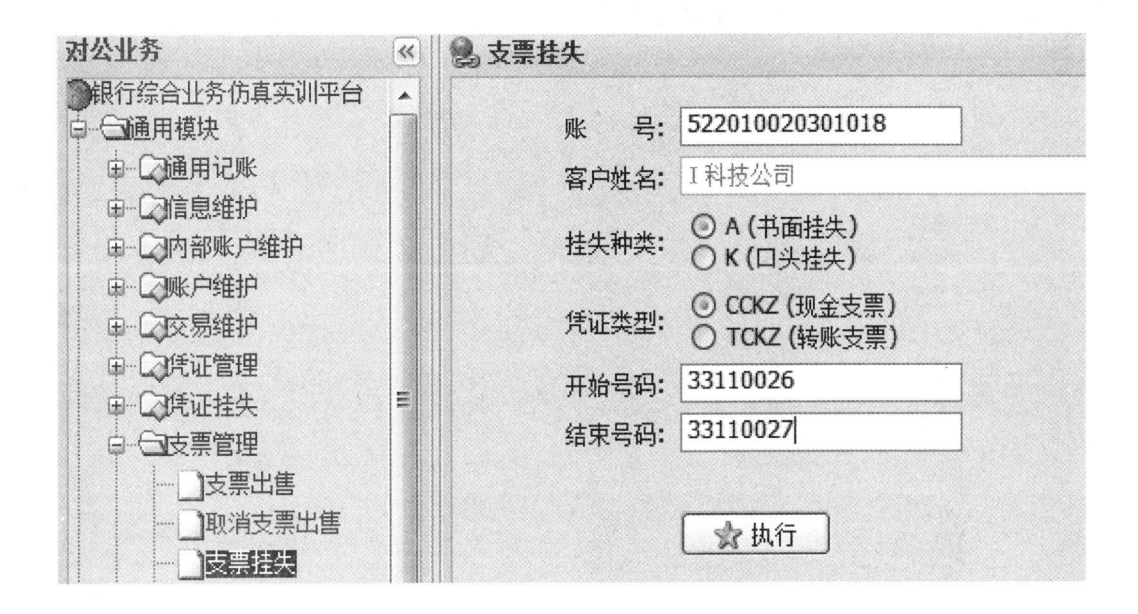

4. 取消支票挂失

支票挂失以及取消支票挂失操作步骤类似，不再一一列举。

最后一部分为对公的日终操作，没有编入目录。

（1）凭证入库操作步骤：通用模块→钱箱管理→凭证入库，则会显示如下界面：将没有使用的凭证类型和凭证张数填写，点击执行。

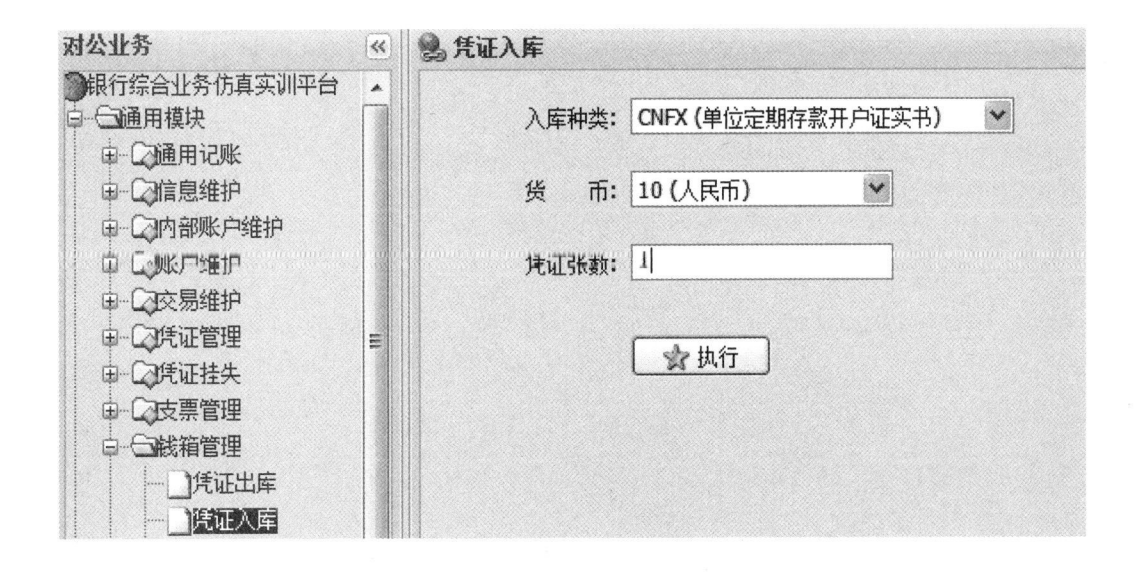

（2）现金入库操作步骤：通用模块→钱箱管理→现金入库，则会显示如下界面：填写金额，点击执行即可。

第四篇
个人储蓄业务

9 通用模块操作（储蓄初始操作）

9.1 系统登录

教学重点：
开立个人客户号
掌握领取各种业务凭证的方法
掌握活期开户、存取款及销户业务
掌握整存整取开户、存取款及销户业务
掌握定活两便开户、存取款及销户业务
掌握存本取息开户、存取款及销户业务
掌握通知存款开户、存取款及销户业务
掌握教育储蓄开户、存取款及销户业务
掌握个人支票开户、存取款及销户业务
掌握通过客户号或账号进行业务查询的方法
查询日终处理后生成的各种业务报表
掌握代理业务操作流程及业务操作
输入网址 http：//192.168.130.234：8081/BANK/显示下面这个界面：（先以储蓄业务这个模块为例）

交易部门和用户编号均由教师负责创建，钱箱号码暂时不输入，用户密码为初始密码888888，输入进去显示下面这个界面：

网址登录进去显示下面这个界面：

9.2 操作员管理

1. 操作员密码修改步骤

通用模块→操作员管理→操作员密码修改，则会显示下面这个界面：旧密码为888888，新密码为自己设定的密码，然后再重复新密码。[①]

---

① 注意：修改密码后，下次上机用自己修改的密码。

作完每一步点击右上角教学案例，即可返回题目要求：

2. 操作员学号修改步骤

通用模块→操作员管理→操作员学号修改，则会显示下面这个界面：[操作员密码：（上一步修改的密码），操作员姓名：（自己的名字），学号：（自己学号），为便于教师统计成绩，信息需真实填写]。

3. 增加钱箱步骤

通用模块→钱箱管理→增加钱箱，则会显示如下界面：[①]

[①] 注意：尾箱编号设置是首位为0的5位数，最好与用户编号相同，钱箱名称为储蓄+钱箱编号，第一次登录时必须设一个钱箱号，否则无法领用凭证，设置完成后，需再登录一次。登录方法为以下界面：即点击安全退出，显示商业银行综合业务仿真实训平台，这次要输入钱箱号码。

9.3 凭证管理操作

凭证领用步骤

通用模块→凭证管理→凭证领用，则会显示如下界面：①

---

① 除支票（25 张，10 位数）外均领用 10 张凭证，8 位数（除信用卡 25 位数外）；开始号码减结束号码加 1 = 支票领用张数（例如，上面的开始号码和结束号码的设置，表格中的凭证已经用过，再操作时不能再用）；普通支票（开始为 25 的倍数加 1，结束号为 25 的倍数，十位数为 25 的倍数加 1）；切记：凭证号要记下来，第一次使用系统时，必须先领凭证且"开始号码"和"结束号码"不能与其他柜员领取号码相同。

凭证类型	一本通存折	一卡通	信用卡	大额双整存单
开始号码	00000001	00000001	8989＋交易部门编号＋00000001	00000001
结束号码	00000010	00000010	8989＋交易部门编号＋00000010	00000010
凭证类型	整存整取存单	出入库凭证	普通存折　普通支票	定活两便存单
开始号码	00000001	00000001	00000001　0000000001	00000001
结束号码	00000010	00000010	00000025　0000000010	00000010

9.4　钱箱管理操作

1. 重要空白凭证出库步骤

即把上一步领的凭证出库，也是把支行钱箱中领用的凭证出库并存入柜员个人钱箱中，一张凭证1块钱。通用模块→钱箱管理→重要空白凭证出库，会显示下面这个界面：

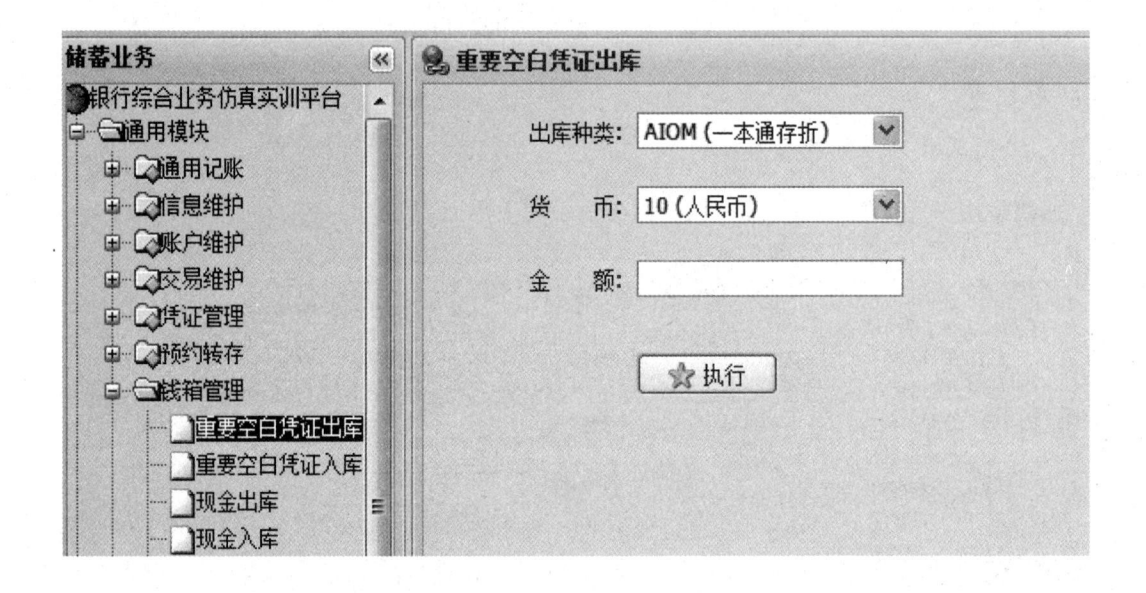

其中，空白凭证的出库数量要求等，分别见下表：

出库凭证

出库种类	一本通存折	一卡通	信用卡	大额双整存单	凭证类型
金额	10	10	10	10	10
出库种类	整存整取存单	出入库凭证	普通存折	普通支票	定活两便存单
金额	10	10	10	25	10

2. 现金出库

目前没有进行交易，操作不了。

3. 凭证综合查询步骤

一般查询→凭证查询→凭证综合查询。

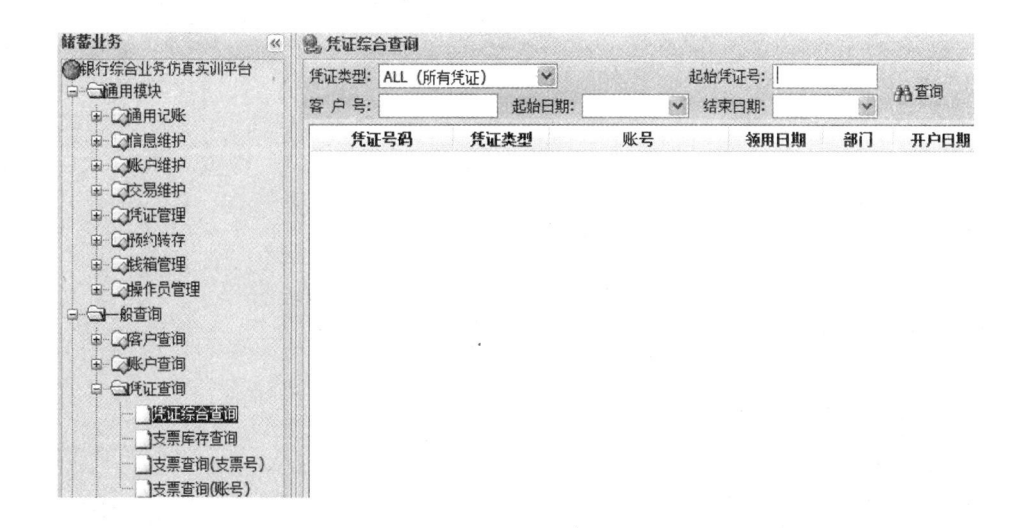

凭证类型：所有凭证。

起始凭证号：输入 0，但不要输入太长，然后点击查询，下面会显示自己领用的所有凭证号码和类型。

4. 重要空白凭证查询

通用模块→钱箱管理→重要空白凭证查询，凭证类型：选择各个凭证，点击查询，查看余额。[①]

点击查询显示以下界面：更换凭证类型，查看各凭证类型余额（若余额为零，需重新领用凭证，再出库）。

5. 尾箱轧账步骤

目的是查看个人钱箱的使用情况。步骤是：通用模块→钱箱管理→尾箱轧账→轧账打印报表→表内科目日结果，可以看到交易日期，营业日报表（交易日期无）月报表，按案例要求排列即可。

[①] 如果某种类型的凭证余额为0，则再领用并出库该凭证。

10 个人储蓄操作（储蓄日常业务）

10.1 客户管理操作

1. 开普通客户

开普通客户步骤：个人储蓄→客户管理→开普通客户，显示以下界面：①

---

① 操作完点击执行，切记生成的客户号要记下来。

证件类别：A 身份证

证件号码：（以 88 为例）

重复证件号码：(88)

客户称谓：李先生

客户名称：李先生

邮编：

地址：

家电：

办公号码：

传真：

2. 开一卡通客户步骤

个人储蓄→客户管理→开一卡通客户。①

证件类型：A 身份证

证件号码：（以 88 为例）

重复证件号码：88

客户名称：李先生

凭证类型：一卡通

卡号：（之前领用的一卡通凭证号中任一张）

重复卡号：

交易密码：6 位

查询密码：6 位

---

① 切记：生成的一卡通客户号要保存下来。

10.2 活期储蓄操作

1. 普通活期开户步骤

个人储蓄→活期储蓄→普通活期开户。①

客户号：普通客户号

存折号：普通存折凭证中任一个

金额：（案例中要求 5000 元）

交易密码：自己设

2. 普通活期存款操作步骤

个人储蓄→活期存储→普通活期存款，显示如下界面：

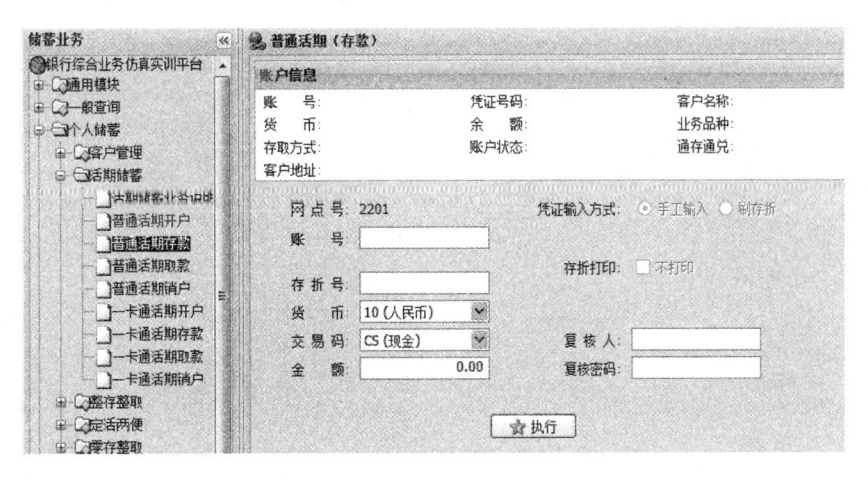

---

① 切记生成的普通活期账户。

账号：上一步开户的账号

存折号：（自动显示，也是上一步输入的存折号）

金额：2000元

操作完成界面如下：

3. 普通活期取款操作步骤

个人储蓄→活期储蓄→普通活期取款。

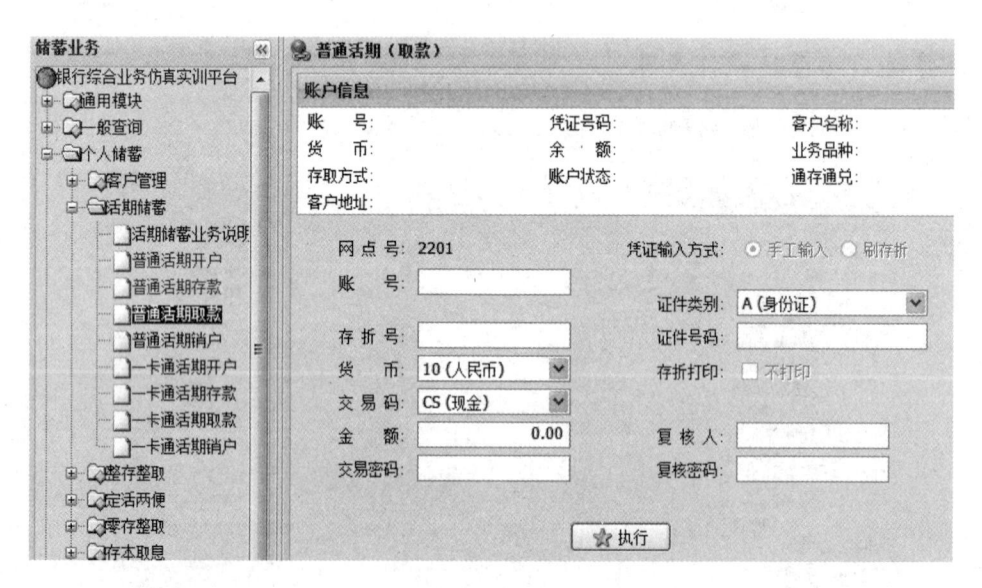

账号：普通活期账号

存折号：普通活期设的存折号

金额：1000元

交易密码：开普通活期设的密码

证件号码：开通普通客户证件号码

操作完成结果如下：

```
普通活期（取款）
账户信息
账      号: 022010014400010    凭证号码: 88888101      客户名称: 李先生
货      币: 10(人民币)           余    额: 9000.00       业务品种: 活期储蓄
存取方式: A(密码)               账户状态: 1(正常)       通存通兑: 1(通存通兑)
客户地址:

网 点 号  2201                          凭证输入方式: ●手工输入 ○刷存折
账    号  022010014400010               证件类别: A(身份证)
存 折 号  88888101                      证件号码: 21
货    币  10(人民币)                    存折打印: □不打印
交 易 码  CS(现金)
金    额              1000.00           复 核 人:
交易密码  ●●●●●●                     复核密码:
                          ★ 执行
```

4. 普通活期销户

5. 一卡通活期开户操作步骤

个人储蓄→活期储蓄→一卡通活期开户，则会显示如下界面。

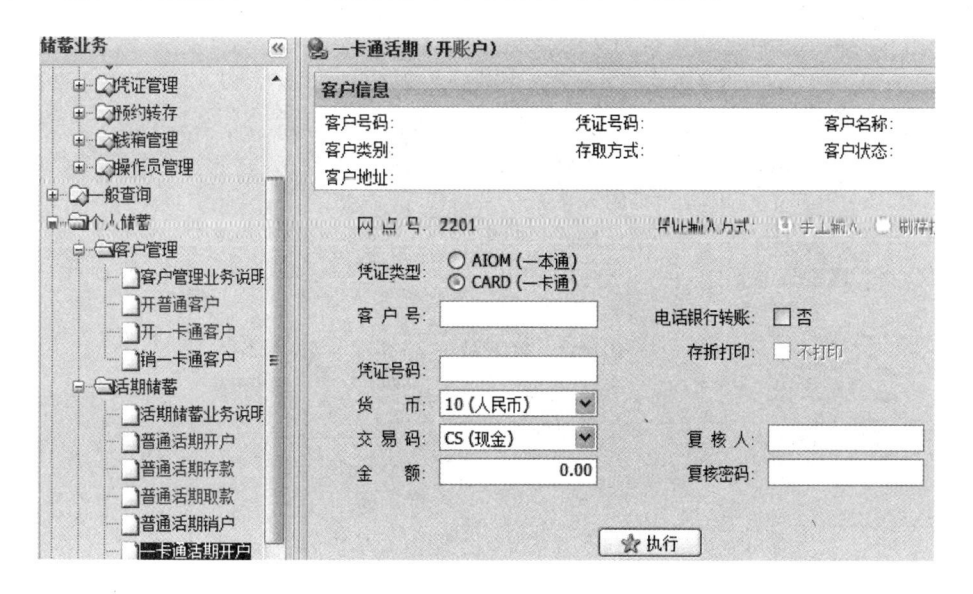

```
一卡通活期（开账户）
客户信息
客户号码:              凭证号码:           客户名称:
客户类别:              存取方式:           客户状态:
客户地址:

网 点 号  2201                凭证输入方式: ●手工输入 ○刷存折
凭证类型  ○AIOM(一本通)
          ●CARD(一卡通)
客 户 号                      电话银行转账: □否
凭证号码                      存折打印: □不打印
货    币  10(人民币)
交 易 码  CS(现金)             复 核 人:
金    额         0.00         复核密码:
                   ★ 执行
```

凭证类型：一卡通；客户号：一卡通客户号；凭证号码：自动显示；金额：5000元；审核人：不填；复核密码不填，点击执行。①

6. 一卡通活期存款操作步骤

个人储蓄→活期存款→一卡通活期存款，显示如下界面：

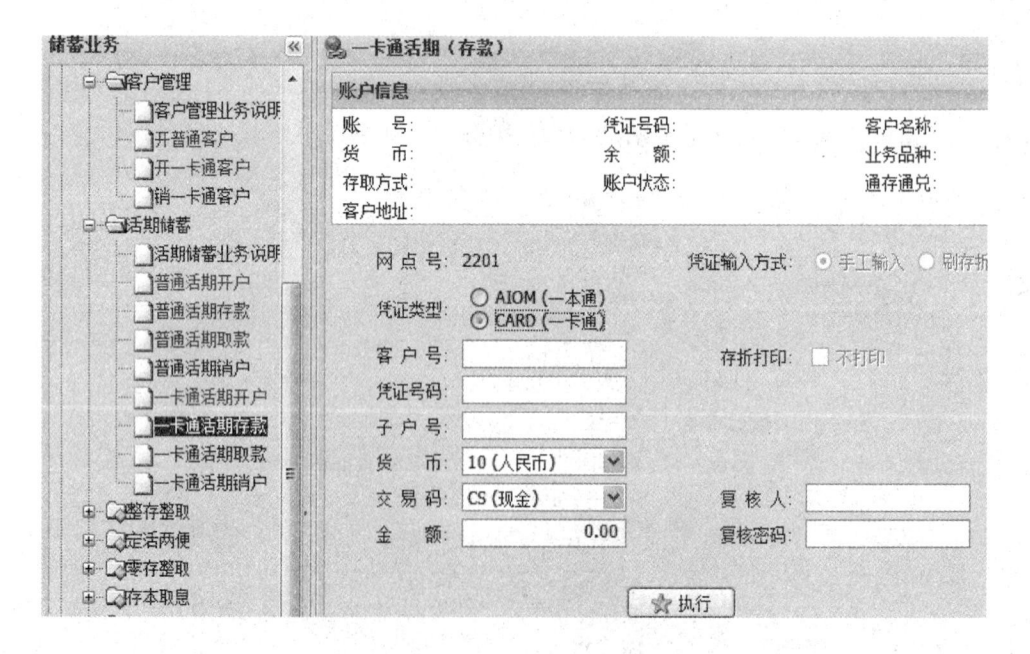

---

① 切记一卡通账号。

客户号：一卡通客户号；凭证号码：开户凭证号；子户号：开一卡通账户的后5位（先输入子户号，凭证号码会自动显示）；金额：8000元。

7. 一卡通活期取款步骤

一卡通储蓄→活期储蓄→一卡通活期取款，则会显示如下界面：

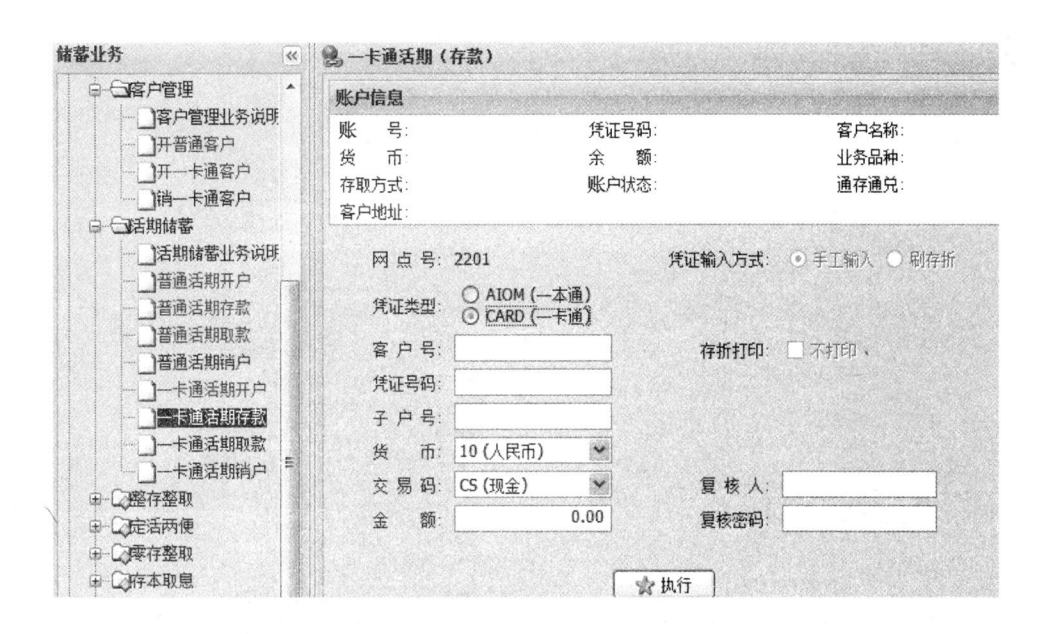

客户号：一卡通客户号；凭证号码：同上一步；子户号：开户账号后5位；金额：8000元，下图为操作完成界面。

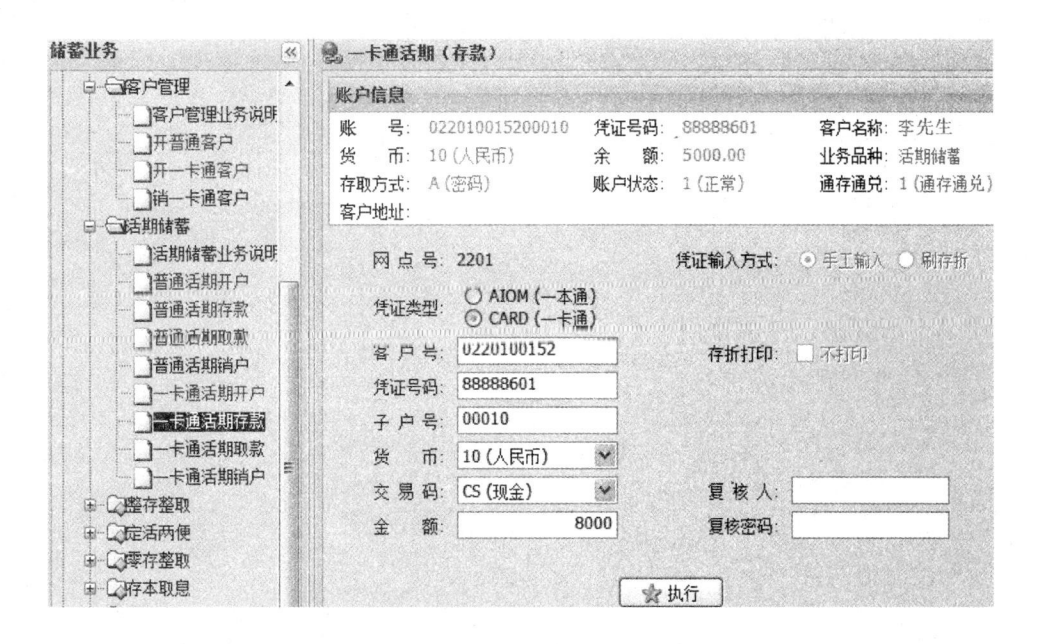

8. 一卡通活期销户

10.3 整存整取操作

1. 普通整存整取开户操作步骤

个人储蓄→整存整取→普通整存整取开户，则显示如下界面：

客户号：普通客户号；存单号：整存整取存单；重复存单号：　　金额：2000元；存期：203三个月，交易密码：自己设。

操作完成界面如下：

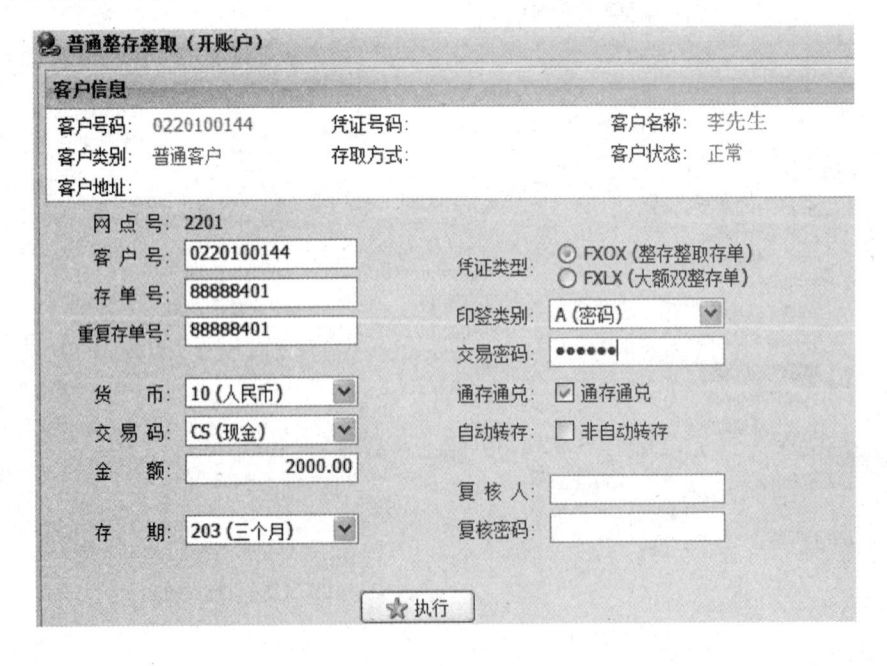

2. 普通双整提前支取操作步骤

个人储蓄→整存整取→普通双整提前支取，则会显示如下界面：

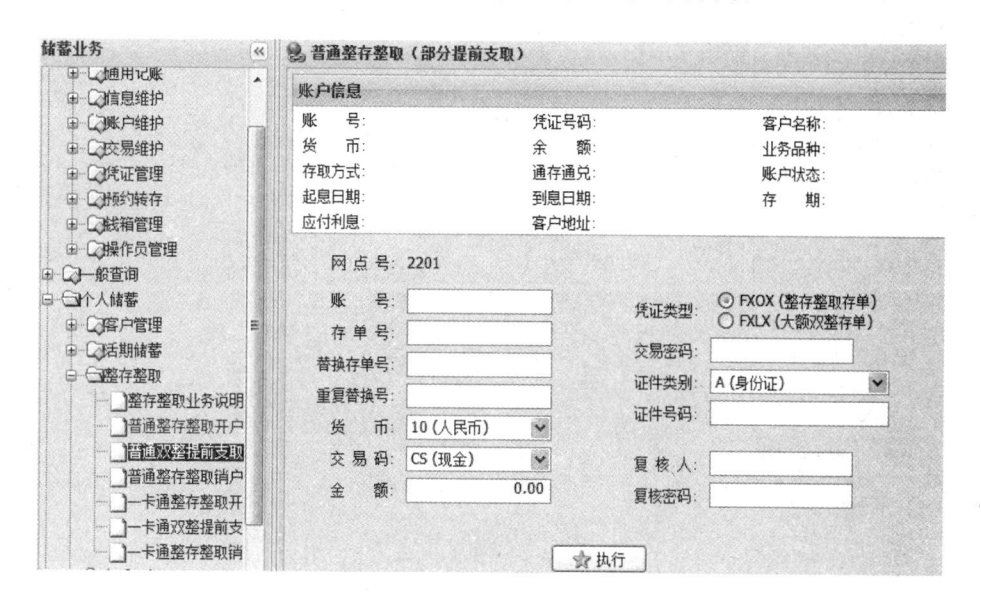

账号：整存整取的账号；存单号：自动显示；替换存单号：

重复存单号：　　金额：1000 元；交易密码：开户设的密码；证件类型：普通客户证件号码

操作完成界面如下：

3. 一卡通整存整取开户操作步骤

个人储蓄→整存整取→一卡通整存整取开户，会显示如下界面：

客户号：一卡通客户号；凭证号码：自动显示；金额：6000 元。

操作完成界面如下：

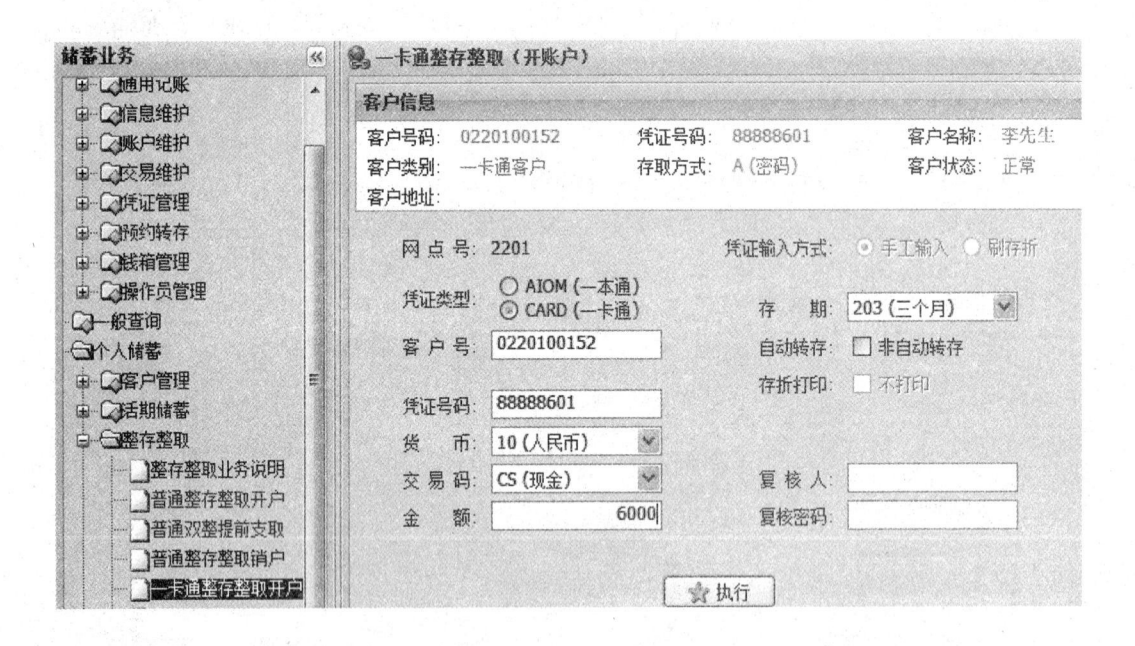

4. 一卡通双整提前支取步骤

个人储蓄→整存整取→一卡通双整提前支取，会显示如下界面：

一卡通客户号：一卡通客户号；凭证号码：自动显示；子户号：一卡通整存整取开户账号的后 5 位；证件号码：开一卡通证件号码；金额：1000 元。

操作完成结果如下：

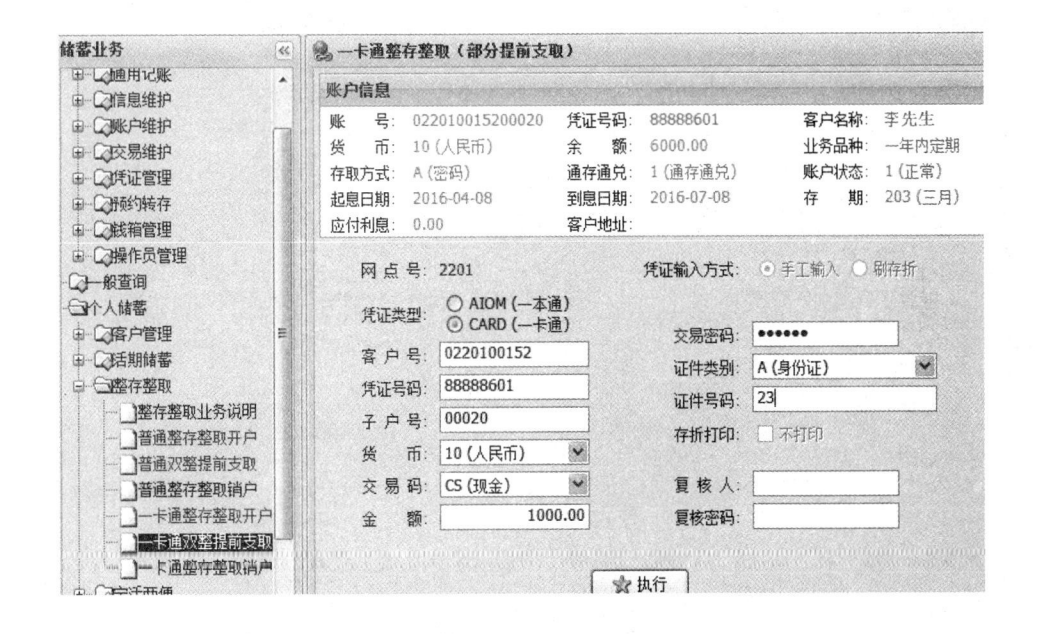

10.4　定活两便操作

1. 普通定活两便开户操作步骤

个人储蓄→定活两便→普通定活两便开户，则会显示如下界面：

客户号：普通客户号；存单号：定活两便存单号；金额：20000元；交易密码：自己设定。操作完成结果如下：

2. 普通定活两便销户操作步骤

个人储蓄→定活两便→普通定活两便销户。

账号：上一步账号；存单号：即上面显示的凭证号码；金额：20000元；交易密码：开定活两便户设的密码；证件号码：普通客户证件号。

操作完成结果如下：

3. 一卡通定活两便开户步骤

个人储蓄→一卡通定活两便开户→一卡通。

客户号：一卡通客户号；凭证号码：自动显示；金额：30000 元。

操作完成界面如下：

4. 一卡通定活两便销户步骤

个人储蓄→定活两便→一卡通定活两便销户。

客户号：一卡通客户号；凭证号码：输入子户号会自动显示；子户号：上一步开户号后5位；金额：30000元；交易密码：开一卡通时设的交易密码；证件号码：一卡通证件号码。

操作完成界面如下：

10.5 零存整取操作

1. 普通零存整取开户操作步骤

个人储蓄→零存整取→零存整取开户。

客户号：普通客户号；存折号：普通存折凭证号之一；重复存折号：同存折号；金额：2000；交易密码：自己设定。

操作完成界面如下：①

---

① 保存并记好开户账号。

[图：普通零存整取（开账户）界面]

2. 普通零存整取存款操作步骤

个人储蓄→零存整取→普通零存整取存款。
账号：上一步开户账号；存折号：自动显示；金额：2000 元。
操作完成结果如下：

[图：普通零存整取（存款）界面]

3. 普通零存整取销户操作步骤

个人储蓄→零存整取→普通零存整取销户。

账号：上一步开户账号；金额：余额；交易密码：开普通零存整取设的密码；证件号码：普通客户号证件。

操作完成界面如下。

4. 一卡通零存整取开户步骤

个人储蓄→零存整取→一卡通零存整取开户，则显示如下：

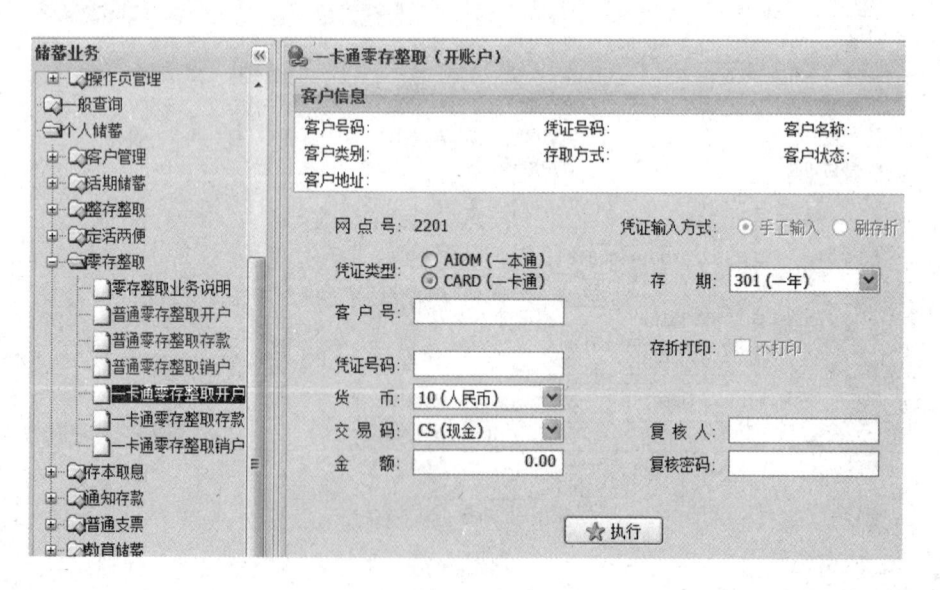

客户号：一卡通客户号；凭证号码：自动显示；金额：1800元。

操作完成结果如下：

5. 一卡通零存整取存款操作步骤

个人储蓄→零存整取→一卡通零存整取存款。

客户号：一卡通客户号；凭证号码：自动显示；子户名：开户账号后 5 位；金额：1800 元。

操作完成界面如下：

6. 一卡通零存整取销户操作步骤

个人储蓄→零存整取→一卡通零存整取销户。

客户号：一卡通客户号；凭证号码：先输入子户账号会自动显示；子户名：开户账号后5位；金额：等于余额；交易密码：开一卡通时设的密码；证件号码：一卡通证件号。

操作完成结果如下：

```
一卡通零存整取（销户）
账户信息
账      号：0220100152000048    凭证号码：88888601       客户名称：李先生
货      币：10（人民币）        余    额：3600.00        业务品种：零存整取
存取方式：A（密码）             通存通兑：1（通存通兑）  账户状态：1（正常）
起息日期：2016-04-08            到息日期：2017-04-08     存    期：301（一年）
应付利息：0.00                  客户地址：

网 点 号：2201                              凭证输入方式：  ◉手工输入  ○刷存折
凭证类型： ○AIOM（一本通）                  交易密码：******
           ◉CARD（一卡通）
客 户 号：0220100152                        证件类别：A（身份证）
凭证号码：88888601                          证件号码：23
子 户 号：00048                             存折打印：☐不打印
货      币：10（人民币）                    摘    要：
交 易 码：CS（现金）                        复 核 人：
金      额：3600.00                         复核密码：

                         ★执行
```

10.6 存本取息操作

1. 存本取息开户操作步骤

个人储蓄→存本取息→存本取息开户。

客户号：普通客户号；存折号：普通存折凭证号之一；重复存折号：同上存折号；金额：10000元；存期：一年；取息间隔：1个月。

操作完成界面如下：

2. 存本取息销户操作步骤

个人储蓄→存本取息→存本取息销户。

账号：上一步账号；存折号：自动显示；金额：等于余额。

10.7　通知存款操作

1. 普通通知存款开户操作步骤

个人储蓄→通知存款→普通通知存款开户。

客户号：普通客户号；存折号：普通存折号之一；重复存折号：同上存折号；金额：180000元；交易密码：自己设定。

操作结果如下图：

2. 普通通知存款部分支取步骤

个人储蓄→通知存款→普通通知存款部分支取。

账号：上一步账号；金额：50000元；证件号码：普通客户证件号码；交易密码：上一步设的密码。

操作结果如下：

3. 普通通知存款销户操作步骤

个人储蓄→通知存款→普通通知存款销户。
账号：上一步账号；存折号：自动显示；金额：130000 元；证件号码：普通客户号。

4. 一卡通通知存款开户步骤

个人储蓄→通知存款→一卡通通知存款开户。
客户号：一卡通客户号；凭证号码：自动显示；金额：60000 元。
操作结果如下：

5. 一卡通通知存款支取操作步骤

个人储蓄→通知存款→一卡通通知存款支取。

客户号：一卡通客户号；凭证号码：自动显示；子户号：开户账号后5位；金额：5000元；交易密码：开一卡通客户时设的密码；证件号码：一卡通证件号码。

操作显示结果如下：

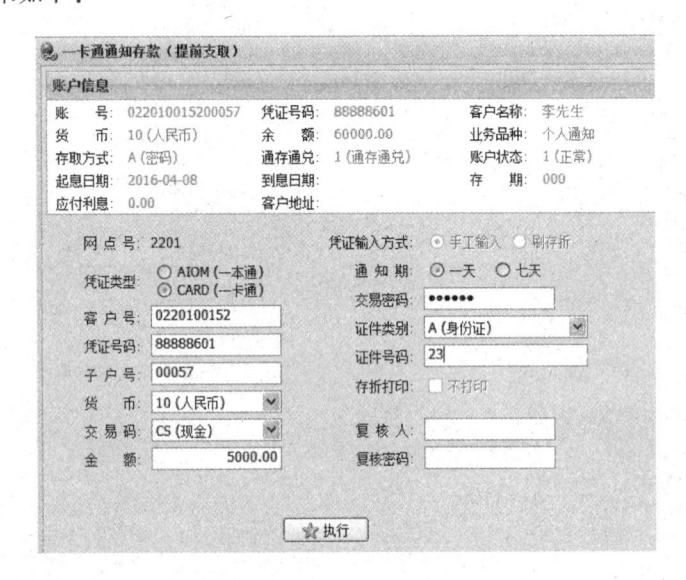

6. 一卡通通知存款销户操作步骤

个人储蓄→通知存款→一卡通通知存款销户。

客户号：一卡通客户号；凭证号码：自动显示；金额：等于余额。

操作结果如下：

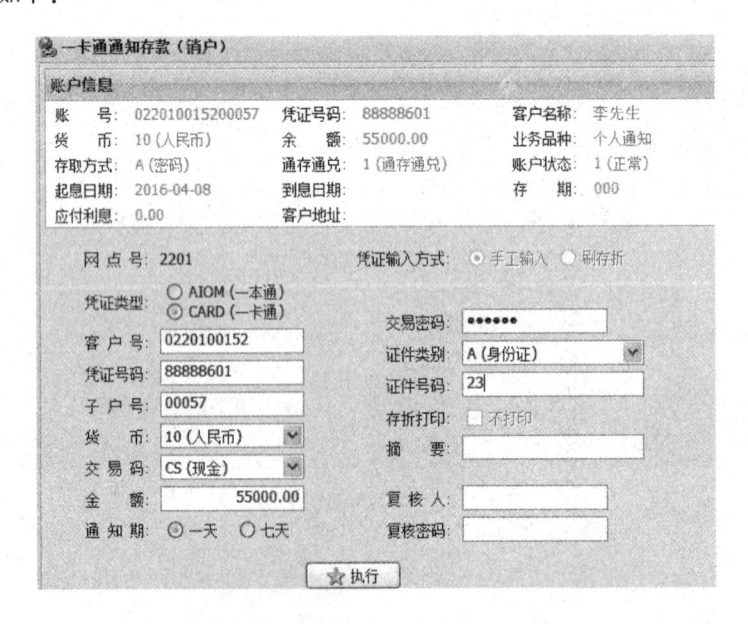

10.8 普通支票操作

1. 开户操作步骤

个人储蓄→普通支票→开户。

客户号：普通客户号；金额：300000 元；印鉴类别：D 印鉴。（支票账户开户与预开户的区别，预开户不需存入现金）①

操作完成结果如下：

2. 储蓄存款操作步骤

个人储蓄→普通支票→存款。

账号：普活；金额：38000 元。

操作完成结果如下：

---

① 案例中，要求 300000 万元，但是执行过程中发现超过额度。

3. 支票出售操作步骤

通用模块→凭证管理→支票出售。

账号：支票开户账号；证件号码：普通客户证件号码；开始号码：普通支票开始号码；结束号码：普通支票结束号码。

操作完成结果如下：

```
支票出售
账    号：022010014400075
客户姓名：李先生
证件类别：A（身份证）
证件号码：21
凭证类型：⊙ PCKZ（普通支票）
开始号码：3388888801
结束号码：3388888825
              执行
```

4. 取款操作步骤

个人储蓄→普通支票→取款。

账号：支票开户账号；支票号码：支票凭证中任一张；金额：5000元；证件号码：普通客户证件号码。

```
普通支票（取款）
账户信息
账    号：022010014400075   凭证号码：         客户名称：李先生
货    币：10（人民币）       余    额：68000.00  业务品种：活期个人支票
存取方式：                  账户状态：1（正常）  通存通兑：0（非通存通兑）
客户地址：

网 点 号：2201
账    号：022010014400075              证件类别：A（身份证）
支票号码：3388888801                   证件号码：21
货    币：10（人民币）
交 易 码：CS（现金）                   复 核 人：
金    额：        5000.00              复核密码：
              执行
```

5. 结清操作步骤

个人储蓄→普通支票→结清。

账号：支票开户账号；摘要：账户结清。

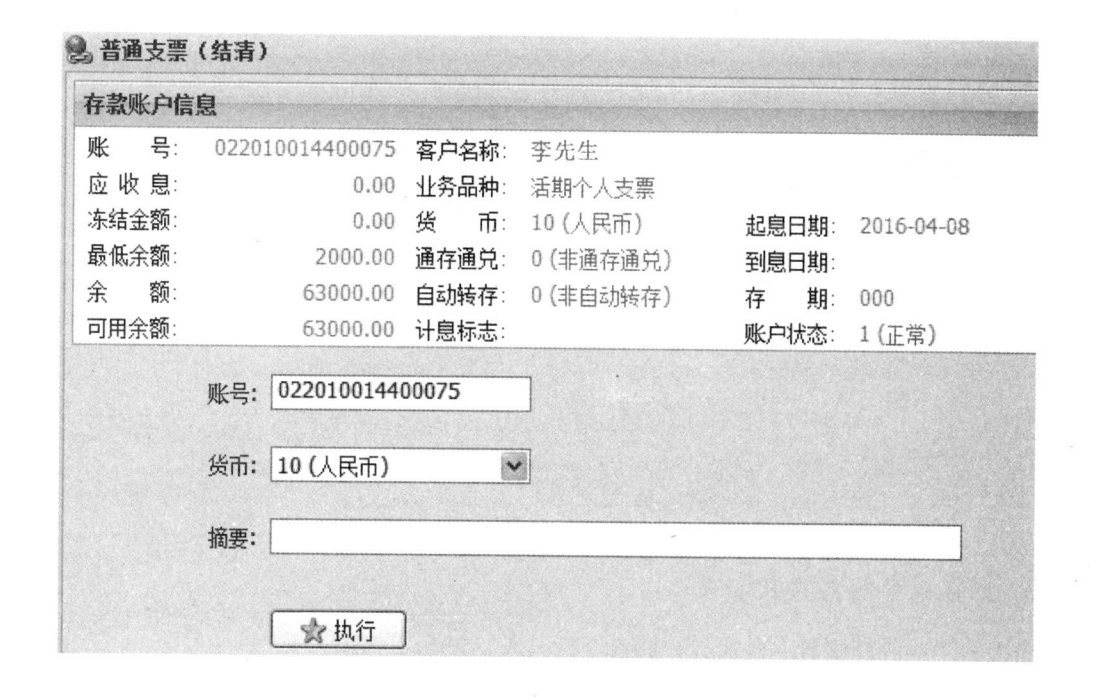

摘要可写可不写。

6. 销户操作步骤

个人储蓄→普通支票→销户。

账号： 结算金额： 交易密码： 证件号码：普通客户证件号码。

10.9 普通教育储蓄操作

1. 普通教育储蓄开户操作步骤

个人储蓄→教育储蓄→普通教育储蓄开户。

账号：普通客户号；存折号：普通存折凭证中任选一张；重复存折号：金额：1000元；存期（301）一年；交易密码：自己设。

操作结果如下：

2. 普通教育储蓄存款

个人储蓄→教育储蓄→普通教育储蓄存款，则显示如下界面：

账号：上一步开通账号；存折号：上一步存折号；金额：500 元。

操作结果如下：

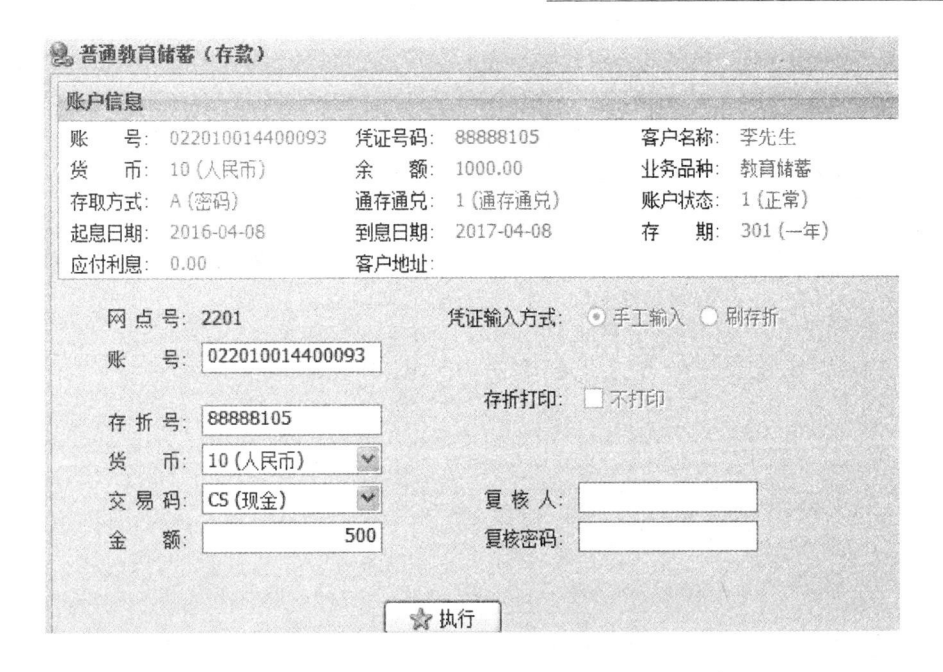

3. 普通教育储蓄销户操作步骤

个人储蓄→教育储蓄→普通教育储蓄销户。

账号：上一步开通账号；存折号：上一步存折号；有无证明：无；金额：1500元；交易密码：　　；证件号码：普通客户证件号。

4. 一卡通教育储蓄开户操作步骤

个人储蓄→教育储蓄→一卡通教育储蓄开户。

客户号：一卡通客户号；凭证号码：先输入金额会自动显示；金额：1000元；存期：一年。
操作结果如下：

```
┌─ 一卡通教育储蓄（开账户）──────────────────────────┐
│ 客户信息                                              │
│  客户号码: 0220100152    凭证号码: 88888601   客户名称: 李先生 │
│  客户类别: 一卡通客户    存取方式: A (密码)   客户状态: 正常   │
│  客户地址:                                            │
│                                                       │
│   网 点 号: 2201              凭证输入方式: ◉手工输入 ○刷存折 │
│   凭证类型:  ○ AIOM (一本通)                           │
│             ◉ CARD (一卡通)   存    期: 301 (一年) ▼  │
│   客 户 号: 0220100152                                │
│   凭证号码: 88888601          存折打印: □ 不打印       │
│   货    币: 10 (人民币) ▼                             │
│   交 易 码: CS (现金) ▼       复 核 人: [        ]    │
│   金    额:        1000       复核密码: [        ]    │
│                                                       │
│                      ★执行                            │
└───────────────────────────────────────────────────────┘
```

5. 一卡通教育储蓄存款操作步骤

个人储蓄→教育储蓄→一卡通教育储蓄存款。

客户号：一卡通客户号；凭证号码：先输入子户号上面会自动显示；子户号：上一步账号后 5 位；金额：300 元。

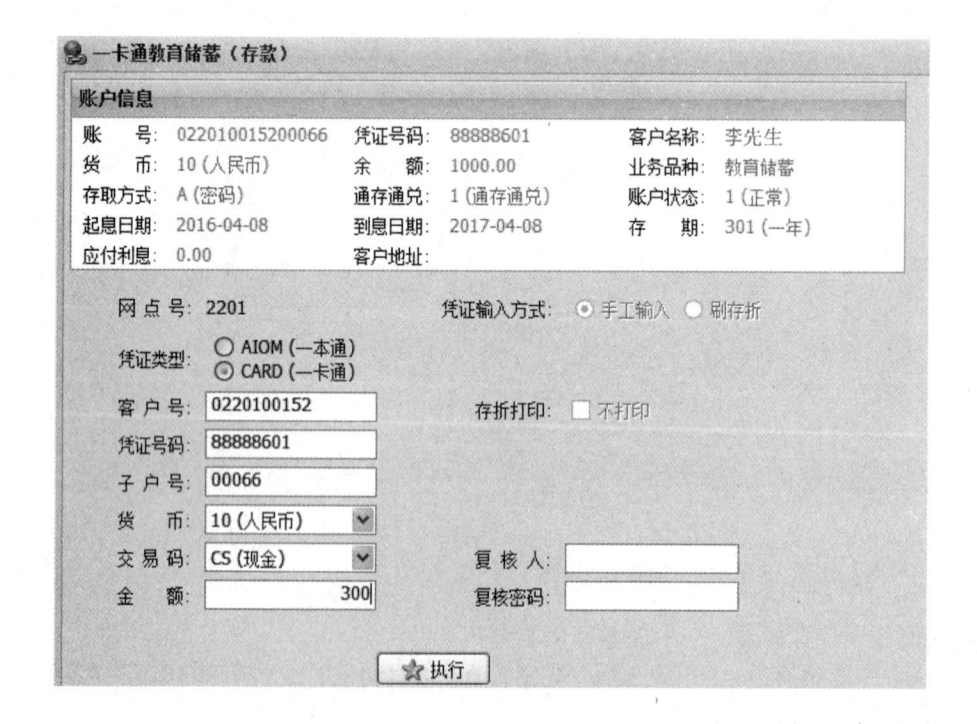

操作结果如下：

```
┌─ 一卡通教育储蓄（存款）──────────────────────────┐
│ 账户信息                                              │
│  账   号: 0220100152 00066   凭证号码: 88888601   客户名称: 李先生 │
│  货    币: 10 (人民币)       余    额: 1000.00    业务品种: 教育储蓄 │
│  存取方式: A (密码)          通存通兑: 1 (通存通兑) 账户状态: 1 (正常) │
│  起息日期: 2016-04-08        到息日期: 2017-04-08  存    期: 301 (一年) │
│  应付利息: 0.00              客户地址:                │
│                                                       │
│   网 点 号: 2201              凭证输入方式: ◉手工输入 ○刷存折 │
│   凭证类型:  ○ AIOM (一本通)                           │
│             ◉ CARD (一卡通)                           │
│   客 户 号: 0220100152        存折打印: □ 不打印       │
│   凭证号码: 88888601                                  │
│   子 户 号: 00066                                     │
│   货    币: 10 (人民币) ▼                             │
│   交 易 码: CS (现金) ▼       复 核 人: [        ]    │
│   金    额:         300       复核密码: [        ]    │
│                                                       │
│                      ★执行                            │
└───────────────────────────────────────────────────────┘
```

6. 一卡通教育储蓄销户操作步骤

个人储蓄→教育储蓄→一卡通教育储蓄销户。

一卡通客户号：一卡通客户号；凭证号码：先输入子户号会自动显示；子户号：上一步账号后 5 位；金额：1300 元。

交易密码：开一卡通设的交易密码；证件号码：一卡通证件号码。

操作结果如下：

10.10　一卡通操作

1. 一卡通换凭证操作步骤

个人储蓄→一卡通→一卡通换凭证。

客户号：一卡通客户号；原凭证号：自动显示；替换凭证号：一卡通凭证中任一张；密码：开一卡通时设的交易密码；证件号码：一卡通证件号码。

2. 一卡通挂失操作步骤（7天才能解挂）

个人储蓄→一卡通→一卡通挂失。

账户号：一卡通账户号；凭证号码：自动显示；证件号码：一卡通证件号码。

3. 一卡通解挂（不换凭证）操作步骤

个人储蓄→一卡通→一卡通解挂（不换凭证）。

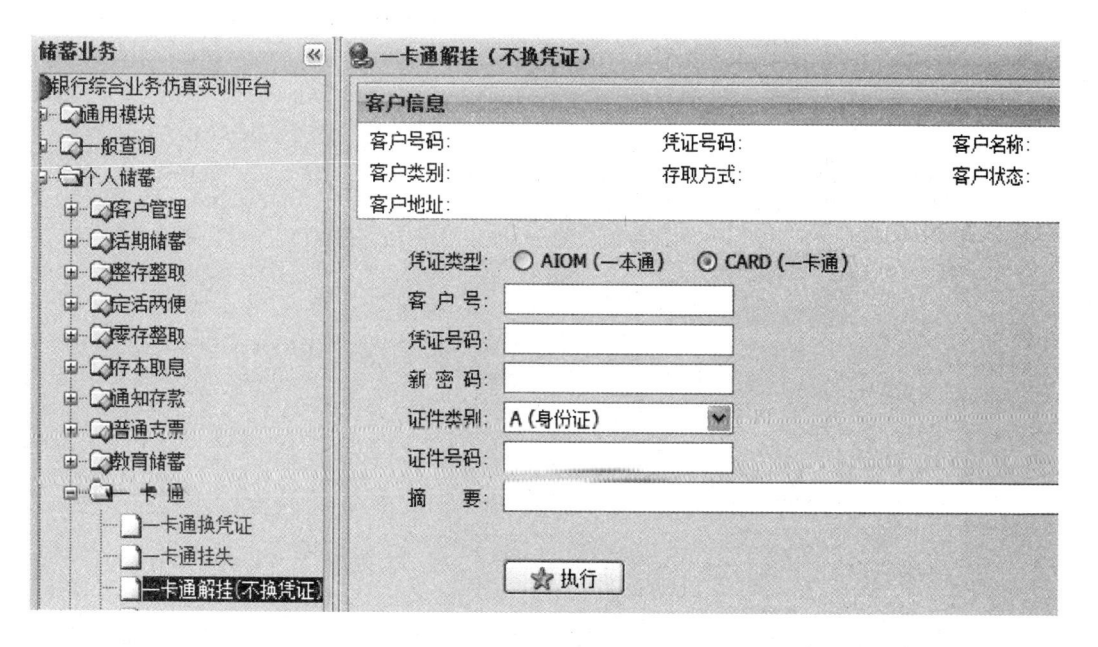

账户号：开一卡通客户号；新密码：自己设定；证件号码：一卡通证件号码；摘要：不换凭证解挂（可写可不写）。

操作完成界面如下：

[一卡通解挂（不换凭证）界面截图]

一卡通解挂（换凭证）操作步骤：个人储蓄→一卡通→一卡通解挂（换凭证）（目前操作不了，需等7天之后才能操作）。

4. 一卡通密码修改操作步骤

个人储蓄→一卡通→一卡通密码修改。

客户号：一卡通客户号；凭证号码：自动显示；老密码：开一卡通时设的密码；新密码：自己设定；证件号码：开一卡通证件号码。

操作结果如下：

[一卡通密码修改界面截图]

10.11 凭证业务操作

1. 换存折操作步骤

个人储蓄→凭证业务→换存折。

账号：普通活期账号；原存折号：自动显示；替换存折号：普通存折凭证之一；重复存折号：原存折号；密码：普通活期的交易密码；证件号码：普通证件号。

```
换存折
账户信息
账    号：022010014400010    凭证号码：88888101    客户名称：李先生
货    币：10（人民币）        余    额：9000.00     业务品种：活期储蓄
存取方式：A（密码）           账户状态：1（通存通兑） 通存通兑：1（正常）
客户地址：2016-04-08

账    号：[022010014400010]
原存折号：[88888101]
替换存折号：[88888102]
重复替换号：[88888102]
密    码：[******]
证件类别：[A（身份证）  ▼]
证件号码：[21]
摘    要：[                                    ]

           [★ 执行]
```

2. 换存单操作步骤

个人储蓄→凭证业务→换存单。

凭证类型：整存整取存单；账号：整存整取账号；原存单号：自动显示；替换存单号：整存整取凭证号之一；密码：整存整取设的密码；证件号码：普通客户号证件号码。

操作结果如下：

[换存单界面截图]

3. 凭证挂失操作步骤

个人储蓄→凭证业务→凭证挂失。

凭证类型：整存整取存单；账号：整存整取账号；证件号码：普通证件号。

操作结果如下：

[凭证挂失界面截图]

4. 凭证解挂（不换凭证）操作步骤

个人储蓄→凭证业务→凭证解挂（不换凭证）。
账号：整存整取账号；新密码：普通整存整取交易密码；证件号：普通证件号。

5. 凭证解挂（换存折）操作步骤

个人储蓄→凭证业务→凭证挂失（换存折）。
　凭证类型：普通存折；账号：整存存折账号；替换存折账号：　　　；重复替换号：　　　；
证件号码：（是一卡通身份号码，还是普通客户证件号码）。

6. 凭证解挂（换存单）操作步骤

个人储蓄→凭证业务→凭证解挂（换存单），无法操作，挂失期限未到。

7. 账户密码修改操作步骤

个人储蓄→凭证业务→账号密码修改，无法操作，期限没有到期。

11 一般查询（储蓄特殊业务）

11.1 通用记账

1. 表内通用记账操作步骤

通用模块→通用记账→表内通用记账。

分录信息：账号：9＋交易部门编号＋1010100000；借贷：借；凭证号码：无；→＋账号：9＋交易部门编号＋10101＋柜员钱柜号；借贷：借；金额：1000元。

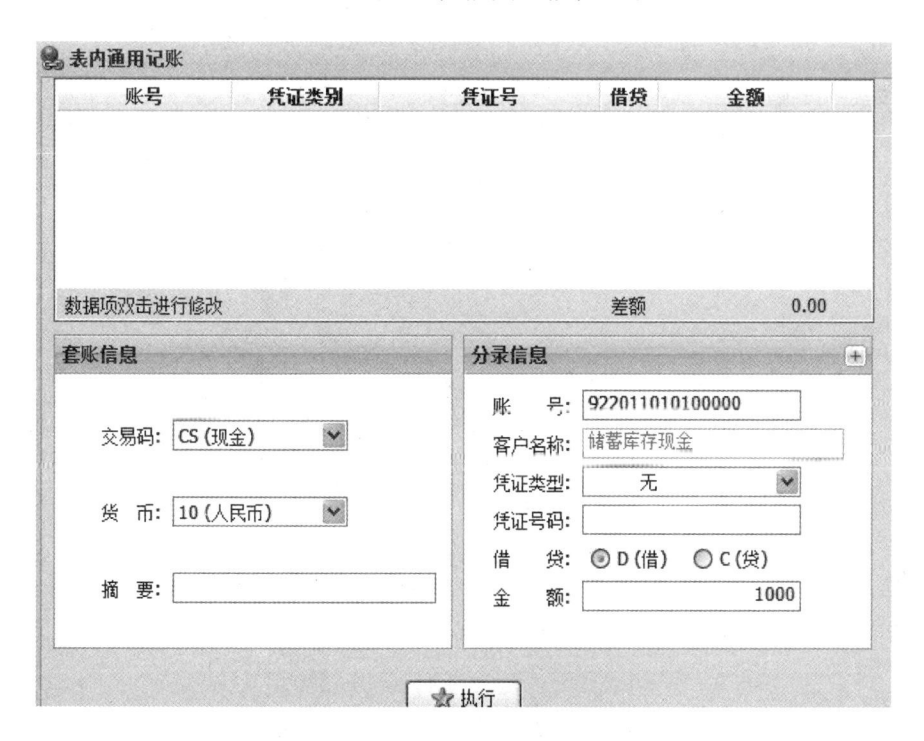

点击加号，贷方账号：9＋交易部门编号＋10101＋柜员钱箱号；凭证类型：无；

凭证号码：空；借贷：借；金额：1000元。

再点击加号，则会显示如下界面：

再点击执行。

2. 表外通用记账操作步骤

通用模块→通用记账→表外通用记账。
规则：普通储蓄存折库存账号：9 + 交易部门 + 1078100000，存入 20 元。
账号：9 + 交易部门 + 107810000；金额：20 元。

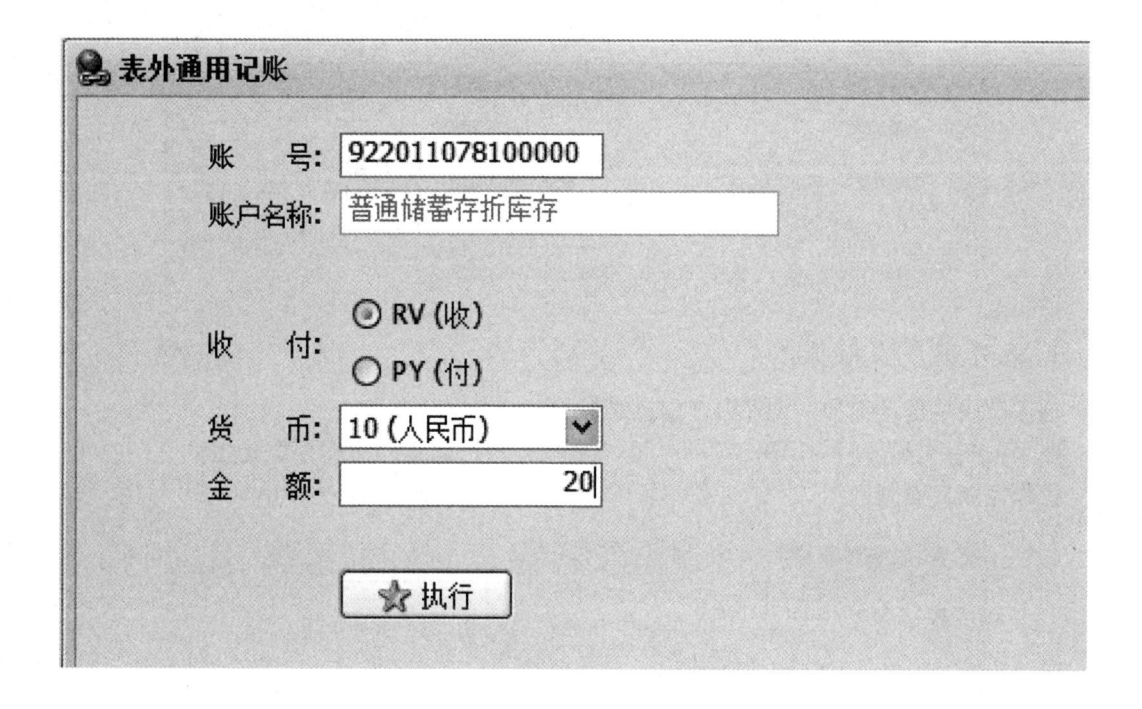

```
表外通用记账
账    号: 922011078100000
账户名称: 普通储蓄存折库存
收    付:  ⦿ RV (收)
          ○ PY (付)
货    币: 10 (人民币) ▼
金    额:           20
         ★ 执行
```

11.2 信 息 维 护

1. 私人客户维护操作

通用模块→信息维护→私人客户维护。
客户号：之前开的普通客户号，在这个界面中可以对相关信息进行修改，如地址或电话等。

2. 表内账户信息维护操作

通用模块→信息维护→表内账户信息维护。
账号：活期存折账号；可以对其中一些信息进行修改，例如，通存通兑、计息。
操作结果如下：

3. 表外账户信息维护

通用模块→信息维护→表外账户信息维护。

账号：9＋交易部门＋1078100000；账户名称：普通储蓄存折库存李先生。

操作完成界面如下：

11.3 账户维护

1. 账户部分冻结操作

通用模块→账户维护→账户部分冻结。

账号：普通存折账号；冻结金额：200元；证件号码：普通证件号码。
操作结果如下：

2. 账户部分解冻步骤

通用模块→账户维护→账户部分解冻。

账号：普通活期存折账号；解冻金额：200元；证件号码：普通客户证件号。

11.4 交易维护

1. 冲账操作

个人储蓄→(活期储蓄)→普通活期存款。

账号：普通活期存款账号；存折号：自动显示。

2. 金额

通用模块→交易维护→冲账　输入错账日期及错账流水；摘要：冲账处理。[①]

---

① (2000元自己根据情况)；记住流水号、账号、日期。

12

代理业务操作（储蓄代理业务）

12.1 代理业务管理

代理合同录入操作步骤：代理业务→代理合同管理→新增，则会显示如下界面：

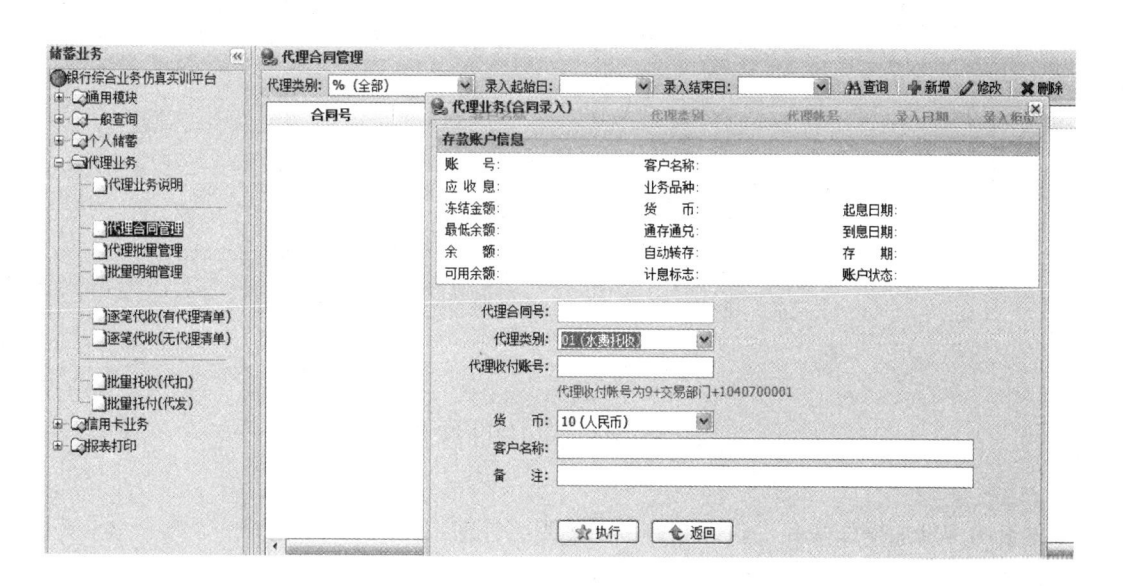

代理合同号：不写
代理类别：水费托收
代理收付账号：9＋交易部门＋1040700001
客户名称：深圳市 SL 供水有限公司
代理类别：01
客户名称：深圳市 SL 供水有限公司

12.2 代理批量管理

代理批量录入操作步骤：代理业务→代理合同管理→代理合同批量管理。
代理合同号：上一步生成；批量号：不写；总笔数：1；总金额：200元。
备注：批量录入。
操作结果如下：

12.3 代理明细管理

批量明细增加操作步骤：代理业务→批量明细管理→新增。
代理合同号：上一步形成的代理合同号
批量号：批量录入时生成的批量号
明细序号：不写
涉及对象账号：活期存折账号
账号名称：李先生
涉及对象标示：李先生
涉及金额：200元
备注：批量增加
操作结果如下：

12.4　逐笔代收（有代理清单）

逐笔代收（有代理清单）操作步骤：代理业务→逐笔代收（有代理清单）。

代理合同号：上一步生成的
批量号：批量明细，增加生成批量
账号名称：李先生
密码：888888
涉及对象标示：李先生
凭证类型：普通存折
收款金额：200 元
转出账号：活期存折账号

```
代理业务（逐笔代收【有代理清单】）
批量明细信息
代理收付账号：022010014400010    涉及金额：200.00
涉及对象标识：李先生              客户名称：李先生

代理合同号：220100000000003
批 量 号：1
涉及对象标识：李先生
交 易 码：● TR（转账）          凭证类型：NMPS（普通存折）
          ○ CS（现金）          转出账号：022010014400010
货   币：10（人民币）             账户名称：李先生
                                  交易密码：******
收款金额：        200.00
备   注：
          ★ 执行
```

12.5 批量代收（代扣）

1. 批量托收（代扣）操作步骤

代理业务→批量托收（代扣）。
代理合同号：同一合同号
批量号：
总金额：200 元
备注：批量托收
操作结果如下：

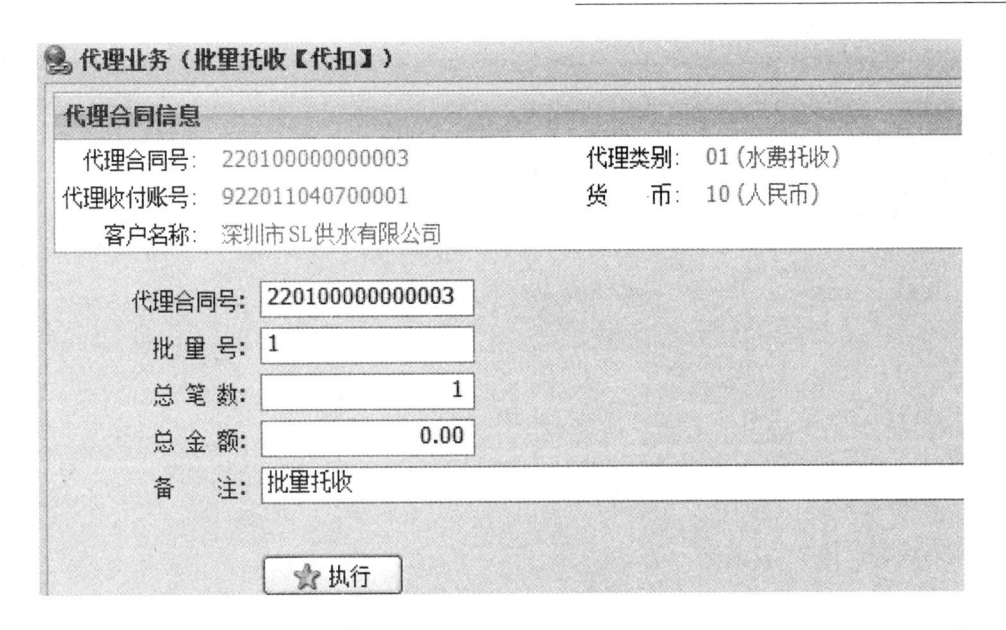

2. 另一类代收业务，没有加入目录

(1) 代理合同录入操作步骤

代理业务→代理合同管理→增加。

代理合同号：不写；代理类别：41 代发工资；代收付账号：9 + 交易部门 + 1040700001；客户名称：G 科技有限公司；备注：代理合同录入。①

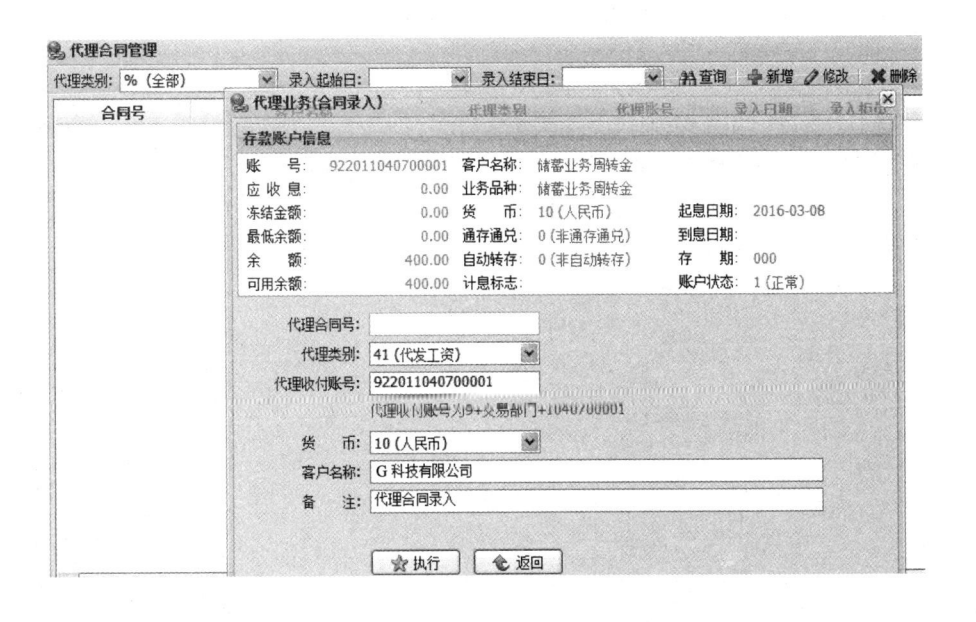

操作结果如下：

---

① 记住合同号。

(2) 代理批量录入操作步骤

代理批量管理→新增。

代理合同号：上一步生成；总笔数：1；金额：2000元；备注：批量录入。[①]

(3) 代理明细增加步骤

代理业务→代理明细管理→新增。

[①] 记住批量号。

代理合同号：上一步生成
批量号：上一步生成
涉及对象账号：活期存折账号
账号名称：李先生
涉及对象：李先生
金额：200元
备注：批量明细增加
操作结果如下：

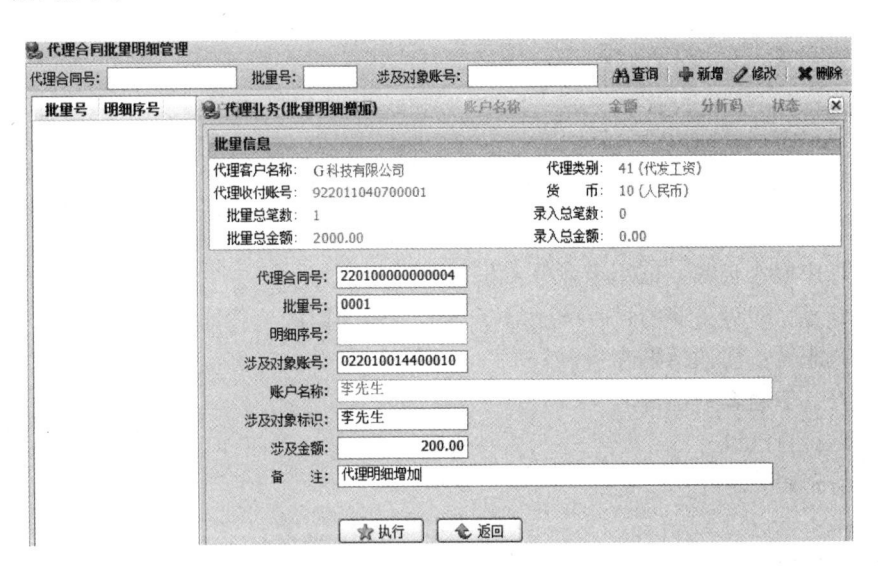

（4）批量代付（代发）操作步骤
代理业务→批量托付代发。

代理合同号：上一步生成；批量号：上一步批量号；总金额：2000元；备注：批量托付代发。

操作结果如下：

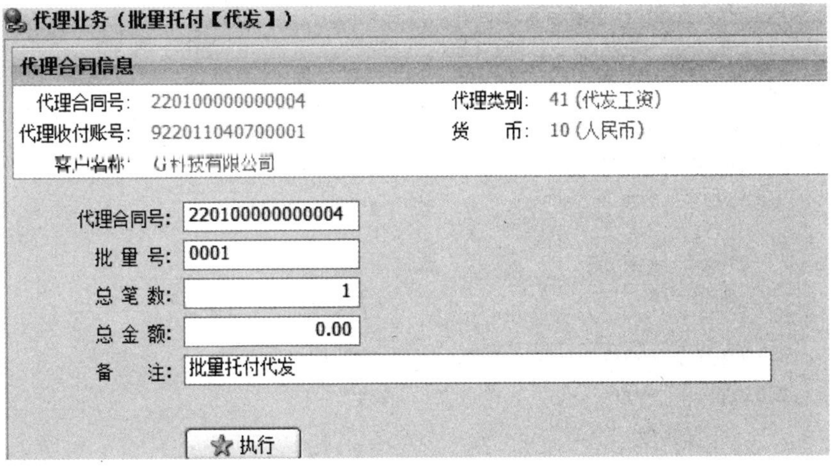

13

代理业务操作

13.1 信用卡开户

信用卡开户操作步骤：信用卡业务→信用卡开户。

信用卡卡号：8989 + 部门号 + 顺序号（之前领用的信用卡凭证号）

关联还款账号：普通活期存折账号

证件号码：普通客户证件号

交易密码：自己设

重复交易密码：

取现密码：自己设

重复取现密码：

预借现金额：1000 元

POS 消费：1000 元

操作结果如下：

账 号	022010017900010	凭证号码	88888110	客户名称	李先生
货 币	10（人民币）	余 额	10000.00	业务品种	活期储蓄
存取方式	A（密码）	账户状态	1（正常）	通存通兑	1（通存通兑）

网点号：2201
信用卡号：8989220188888701　　取现密码：******
关联还款账号：022010017900010　　重复取现密码：******
证件类别：A（身份证）　　预借现金额度：1000.00
证件号码：56　　POS消费额度：1000
交易密码：******　　信用级别：
重复交易密码：******　　介绍柜员：

★ 执行

13.2 信用卡存现

信用卡存现操作步骤：信用卡业务→信用卡存现，则会显示如下界面：

信用卡卡号：上一步卡号
缴款金额：5000 元
账号：不写
摘要：存款处理
操作结果如下：

13.3 信用卡取现

信用卡取现操作步骤：信用卡业务→信用卡取现。

信用卡号： ；交易金额：2000元；取款密码：信用卡开户时设的取现密码。

13.4 信用卡明细查询

信用卡明细查询操作步骤：信用卡业务→信用卡明细查询。
可以只输入开户日期即可查询。

13.5 信用卡交易查询

信用卡交易查询步骤：信用卡业务→信用卡交易查询，则会显示如下界面：

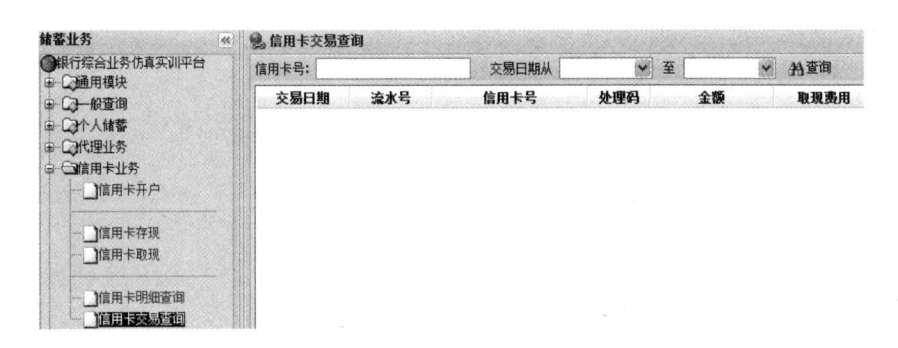

输入信用卡号和交易日期即可。

储蓄的日终处理没有列入目录。
(1) 重要空白凭证入库
柜员个人钱箱余额，将其入库到部门钱箱中。① 通用模块→钱箱管理→重要空白凭证入库，则会显示如下界面：

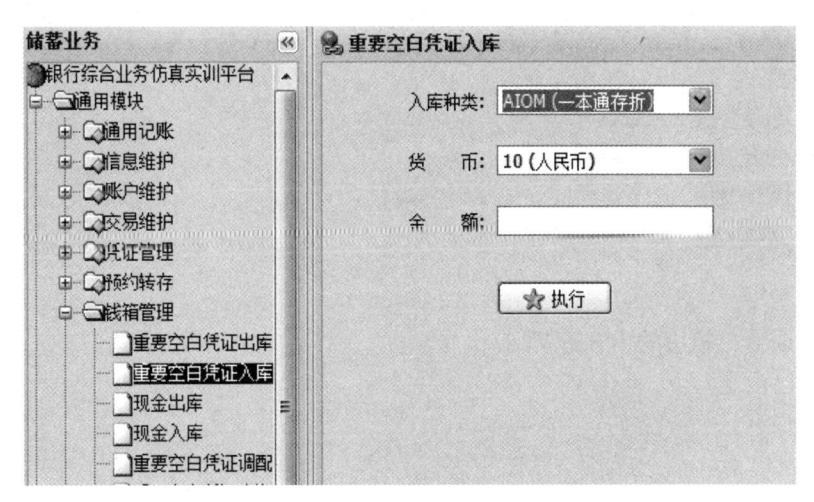

---

① 是指柜员个人钱箱中未使用的重要空白凭证，进行凭证入库。

入库种类：选择各种凭证；金额：总的领用凭证数量减去使用的凭证张数。
下图以一卡通为例。

（2）现金入库操作步骤
通用模块→钱箱管理→现金入库，则会显示如下界面：

出入库凭证号：领用的出入库凭证
金额：自己设定
操作结果如下：

（3）尾箱轧账操作步骤

钱箱管理→尾箱轧账，点击轧账。

（4）部门轧账操作步骤

通用模块→钱箱管理→轧账→尾箱轧账→现金余额高低排列。

附

深圳智盛信息技术股份有限公司简介

1. 公司简介

深圳智盛信息技术股份有限公司从 2001 年成立至今一直致力于高校教学软件的开发与研究，专注于高校金融教学软件市场的开拓，并已取得了丰硕的成果。深圳智盛信息技术股份有限公司有一个朝气蓬勃、高素质的软件研发队伍，核心开发人员均具有博士、硕士、本科学历，部分高级软件系统分析人员有从事高校专业教学的经验，我们的产品以贴近高校教学的实际要求而著称，无论是从产品功能、技术先进性、市场占有率、创新等各方面比较，深圳智盛信息技术股份有限公司都有绝对的优势。

2. 开发背景

基于如下背景，深圳智盛信息技术股份有限公司开发了商业银行综合业务仿真实训平台。

高校金融实验室建设，主要包括硬件建设和软件建设，硬件方面由于其通用性和产品化的特点，建设起来相对容易。目前的实际调查结果显示，各高校金融实验室的硬件条件均已具备一定的规模，完全可以运行金融行业的各种大中型应用软件系统。目前，金融实验室建设的主要"瓶颈"是行业应用软件的建设，尤其是商业银行方面的应用系统软件。

金融实验室的核心应用软件，主要包括商业银行综合业务系统、商业银行信贷管理信息系统、国际结算业务模拟系统、证券模拟交易系统、期货模拟交易系统、外汇模拟交易系统等。银行综合业务系统，是商业银行的核心业务平台系统，所有外围软件系统均建立在这一平台之上，而信贷管理信息系统是银行的主要外围业务系统软件。所以，金融实验室的应用软件系统，应至少包含上述一种或几种软件系统。基于上述原因，深圳智盛信息技术股份有限公司研发团队在经过长时间的周密市场调查后，开发信贷模拟教学软件系统，以适应高校及职业类院校培养信贷业务人才的需要，使枯燥的理论与实际业务操作相结合，让学生更深刻地理解信贷业务流程及业务规范。